DIE INSCHRIFTEN
DES TEMPELS VON EDFU

Begleithefte

Herausgegeben von Dieter Kurth

Heft 1

1990

Otto Harrassowitz · Wiesbaden

EDFU:

Studien zu Ikonographie, Textgestaltung, Schriftsystem, Grammatik und Baugeschichte

Herausgegeben von
Dieter Kurth

1990

Otto Harrassowitz · Wiesbaden

Das Emblem auf dem Umschlag ist eine Hieroglyphe der Edfu-Texte, die sich liest:
(Horus Behedeti), der Buntgefiederte, der aus dem Horizont hervorkommt.

In Vorbereitung:

Heft II:	Heinz Felber	Zur Ausdeutung der Fenster in den ägyptischen Tempeln der griechisch-römischen Epoche
Heft III:	Dagmar Budde	Untersuchungen zur Titulatur der ptolemäischen Könige
Heft IV:	Verschiedene Autoren	Studien zu Vokabular, Grammatik und Textgestaltung
Heft V:	Ruth Brech	Die große geographische Inschrift am Sanktuar des Tempels von Edfu

CIP-Titelaufnahme der Deutschen Bibliothek

Edfu: Studien zu Ikonographie, Textgestaltung, Schriftsystem, Grammatik und Baugeschichte / Hrsg. Dieter Kurth. – Wiesbaden : Harrassowitz, 1990
(Die Inschriften des Tempels von Edfu : Begleithefte ; Bd. 1)
ISBN 3-447-02999-4
NE: Kurth, Dieter [Hrsg.]; Die Inschriften des Tempels von Edfu / Begleithefte

Reproduktion, Druck und buchbinderische Verarbeitung: Offsetdrukkerij Kanters B.V., NL-2953 CL Alblasserdam
Printed in the Netherlands

INHALTSVERZEICHNIS

Vorwort VII - VIII

Maria-Theresia Derchain-Urtel
Die Krone und ihre Nebenformen 1 - 18

Heinz Felber
Anmerkungen zum Aufbau der göttlichen Randzeile *jw.tj m ḥtp* 19 - 41

Heinz Felber
Mischschreibungen 42 - 48

Dieter Kurth
Zur Phonetik
1. Ausfall der Präposition *ḥr* vor dem Infinitiv 49 - 54
2. Dissimilation der Präposition *m* zu *n* 55 - 61
3. Lautbares *t* vor Suffixpronomen 62 - 65

Dieter Kurth
Zum Schriftsystem
1. und als Schreibung des Suffixpronomens der 1. Person Singular 66 - 70
2. Die Mater Lectionis 71 - 75

Dieter Kurth
Das 53. Regierungsjahr Ptolemäus XII. 76 - 83

VORWORT

Die hiermit eröffnete Reihe soll das Edfu-Projekt begleiten, jenes von der Deutschen Forschungsgemeinschaft geförderte Langzeitunternehmen, das ich 1986 ins Leben gerufen habe, um eine Übersetzung aller Inschriften des Tempels von Edfu zu erarbeiten (kurz vorgestellt in: GM 92, 1986, 93 f.). Nun gehört es zur Methode des Edfu-Projektes, eine abschließende Übersetzung erst dann faszikelweise zu publizieren, wenn das halbe bzw. das gesamte Textmaterial aufbereitet vorliegt, also nach Edfou VIII-V und nach Edfou IV-I. Da die Aufbereitung, also die systematische Erfassung des Formulars, des Vokabulars, der Grammatik etc., viele Jahre in Anspruch nehmen wird, werden die angestrebten Endergebnisse des Projektes noch lange auf sich warten lassen. In diese zeitliche Lücke treten die "Begleithefte".

Daraus folgt, daß die Inhalte der Hefte durchweg als Zwischenergebnisse anzusehen sind, mit deren Korrektur nach Abschluß der systematischen Textaufbereitung unbedingt zu rechnen ist. Andererseits, nach gut einem Siebtel der Gesamtmenge von ca. 3000 Publikationsseiten lohnt sich bereits das Wagnis, und jedes weitere Heft wird auf einer breiteren Materialbasis stehen.

Die behandelten Themen erwachsen aus der Arbeit und erstrecken sich vor allem auf die Gebiete der Lexikographie, der Grammatik, der inhaltlichen Formgebung der Texte, der Dekorationssystematik, der Ikonographie sowie auf Sachfragen verschiedener Art, welche von den Inhalten der Texte aufgeworfen werden. Bei letzteren könnte es sich um Theologie handeln, um die Durchführung des Kultes, um die Baugeschichte und um vieles andere mehr.

Der jetzige Stand der Arbeit macht eine Konzentration der Beiträge auf die Inschriften des Tempels von Edfu erforderlich; denn die "Begleithefte" wollen ja gemäß ihrer Bestimmung als Zwischenergebnisse auch Rechenschaft ablegen über die Fortschritte des Projektes, und zwar für Fachkollegen wie auch für Förderer. Deshalb stehen die Hefte in erster Linie den Mitarbeitern offen. Hinzu kommen Arbeiten, die sich mit Edfu-Texten beschäftigen und dabei alle vorhandenen Materialien des Projektes heranziehen; es wird sich hier in der Regel - aber nicht ausschließlich - um Examensarbeiten handeln, die unter meiner Leitung entstanden sind. Eine weitere Öffnung ist erst nach Abschluß des Unternehmens sinnvoll.

Ich danke Herrn H. Felber für seine Mitarbeit an der Redaktion, ihm sowie Frau A. Behrmann, Frau M.-Th. Derchain-Urtel und Frau S. Wiebach, welche als wissenschaftliche Mitarbeiter an der Erschließung der bis heute vorliegenden Materialien teilgenommen haben, weiterhin Herrn I. Boit für seine Arbeit am Formular der Edfutexte und für die Vorlage zum Emblem auf der Umschlagseite der Hefte, ferner Frau D. Budde und Frau A. Baalk für Korrekturen und Montage der Hieroglyphen in die Druckvorlage und schließlich Frau K. Cordes, welche die schwierigen und verschiedenartigen Manuskripte zu einer einheitlichen Druckvorlage gestaltete.

Die Hefte erscheinen in unregelmäßigen Abständen. Sie können sowohl einzelne Artikel als auch jeweils eine Monographie enthalten. Als Abkürzung wird vorgeschlagen: "Edfu, Begleithefte".

MARIA-THERESIA DERCHAIN-URTEL

DIE KRONE  UND IHRE NEBENFORMEN ,  UND  IN EDFU

Die Beschäftigung mit dem Textmaterial der Türen (Türsturz, Türlaibung etc.) des Tempels von Edfu, die oft als vom dazugehörigen Saal relativ unabhängige Kompositionseinheiten zu betrachten sind, bringt zwangsläufig auch die Beobachtung des damit verbundenen ikonographischen Materials mit sich, wobei insbesondere die Königs- und Götterkronen die Aufmerksamkeit auf sich ziehen. Angesichts der Fülle der auf allen Tempelwänden in Edfu wie auch allen anderen Tempels aus griechisch-römischer Zeit anzutreffenden Kronen bzw. Kopfbedeckungen der Könige und Götter in den Reliefs jeglicher Art (Opferszenen, Prozessionen, u.ä.) muß davon ausgegangen werden, daß die Vielfalt dieses Schmuckes nicht nach ästhetischen Gesichtspunkten (deren Gesetze uns auch völlig unbekannt wären) oder aber willkürlich nach einfachem, nicht näher reflektierten Gutdünken der jeweiligen Bildhauer auf den Tempelwänden verteilt erscheint, sondern daß vielmehr die Auswahl dieses Schmuckes einer Gesetzmäßigkeit unterliegt, welche als Teil der Gesamtkonzeption einer Aussageeinheit (z.B. einer Opferszene) betrachtet werden muß.
Diese Gesetzmäßigkeit wird wohl kaum von einem Kenner dieser Materie in Frage gestellt werden. Die Frage aber nach ihrer Beschaffenheit kann bisher nur aus der jeweils eigenen Erfahrung aus dem Umgang mit der religiösen Literatur der griechisch-römischen Zeit heraus annähernd beantwortet werden, ohne daß eine verbindliche, d.h. jederzeit nachvollziehbare Systematik zur allgemeinen Anwendung und auch Kontrolle zur Verfügung stünde.
Es ist fraglos nicht möglich, das gesamte Kronenmaterial aus den Tempeln der griechisch-römischen Zeit mit einem Schlage zu dem Zwecke seiner Präzisierung zu sichten und zu erklären. Nur Einzeluntersuchungen können auf dem sich eventuell daran anschließenden Weg einer parallel verlaufenden Spurensicherung anderer Schmuckelemente darauf hoffen, etwas Licht in die verwirrende Fülle dieses ikonographischen Materials zu bringen.

Darüber hinaus muß ein weiterer Gesichtspunkt berücksichtigt werden, der für den gesamten Problemkreis der Kronen gilt: wir können angesichts der äußerst kompliziert aufgebauten Kompositkronen, reich überladen, davon ausgehen, daß diese in der Realität ohnehin nicht zur Verfügung gestanden haben.
Schon der zweifellos sehr auffällige Tatbestand, daß keine einzige Königs- oder Götterkrone archäologisch nachweisbar und auch nur fragmentarisch bekannt ist, muß den Beobachter dieses Materials stutzig machen. Die gesamte Information zu diesem Thema bezieht dieser Beobachter aus Abbildungen, sei es im Relief oder in der Skulptur. Nicht ein Fragment erlaubt es, eine Krone in einer ihrer vielfältigen Formen zu rekonstruieren, so wie sie bei zeremoniellen oder kultischen Anlässen im Bild vorausgesetzt wird. Einzig Diademe (z.B. aus den Funden von Lischt) können als real existierender Kopfschmuck

angesehen werden. Aufgrund ihrer besonderen Schmucknatur aber sind sie nicht in den hier angesprochenen Problemkreis einzubeziehen.

Es führte zweifellos weit über den hier gesteckten Rahmen einer begrenzten Untersuchung einer einzigen Krone, mit ihren Nebenformen, hinaus, den Gründen für diesen Tatbestand nachzugehen und gleichzeitig dabei die Frage zu stellen, welcher Kopfschmuck denn nun tatsächlich bei feierlichen Anlässen getragen worden sein mag. So weit es sich bisher abschätzen läßt, dürfte man sich in der Realität des Kultes und der Zeremonien inbegriffen der der Königskrönung, stark beschränkt haben auf den Gebrauch einiger ganz weniger, und sicher auch sehr einfach gestalteter Kopfbedeckungen, wie dies übrigens gerade die Krönungsszenen trotz der Betonung der Pschent-Krone (in den Texten) suggerieren.[1]

Verlassen wir aber diese reale Ebene und wenden uns der für den ägyptischen Priester und Gelehrten weitaus wichtigeren und bedeutsameren Ebene der mit dem Tragen eines Kopfschmuckes verbundenen theologischen Aussage zu, so treffen wir dort auf eben diese Fülle von Material, aus welchem heraus hier ein kleiner Teil beleuchtet und nach Möglichkeit erklärt werden soll.

Es wird dazu die recht seltene, auch auf den Türdekorationen in Edfu anzutreffende Krone ausgewählt, die zuerst in ihrer allgemeinen Bedeutung, in ihre ikonographischen Bestandteile aufgespalten, betrachtet werden soll.
Daran schließt sich eine detaillierte Untersuchung ganz präziser, im jeweils dazugehörigen Text nachzuweisender Aussagen in ihren ikonographischen Formen , , an, die in die erstere Krone, dann als "Rahmenform" anzusprechen, eingebettet erscheinen.

beinhaltet die vier Elemente , , und .
Diese Elemente sind aller Beobachtung nach nicht von gleichwertiger Aussage:
die -Widderhörner treten an so vielen Kronen auf, daß sie zweifellos eher als 'Träger' ganz allgemeiner Art denn als besondere Aussage zu einem bestimmten, im dazugehörigen Text vorgegebenen Zweck zu betrachten wären. Wir können sie als die materielle "Stütze" so gut wie jedweder Krone ansehen, in dem Maße, in welchem eine Krone als ein auf der spekulativen Ebene existierendes Objekt anzusehen ist, wie es oben bereits kurz ausgeführt wurde, d.h. gesteht man einer Krone dieses einfachen oder auch eines komplizierteren Typs eine zumindest <u>real zu denkende</u> Existenz zu, muß man konsequenterweise auch die breit ausladenden Widderhörner als denkbar geeigneten Träger aller weiteren Elemente betrachten. Innerhalb einer spekulativen Ebene sind die

1 Der Problematik der bei der Krönung tatsächlich getragenen Kronen soll eine eigene Untersuchung vorbehalten bleiben.

Einzelelemente in sich wieder schlüssig angeordnet; der mögliche Bezug zur realen Außenwelt, im Falle der Kronen die Frage nach ihrer "Tragbarkeit" überhaupt, wird von einer solchen "praktischen" Erwägung nicht berührt.

Schließen wir also die  -Widderhörner aus, so verbleiben als Aussageträger die drei Elemente ,  und  . Fünf Kronen dieser Art stehen uns aus dem ikonographischen Material der Tempeltüren von Edfu zu einer eingehenderen Betrachtung zur Verfügung.[2] Diese Elemente sind bereits auf den ersten Blick so deutlich aussageträchtig, daß sie kaum einer eingehenden Erklärung bedürfen:
 steht für das Licht, die Gestirne mitsamt dem damit verbundenen Umfeld, das besonders aus dem Mythos vom verletzten und wieder hergestellten Sonnenauge seine vielfältigen Aussagen zur Schöpfung und Erhaltung des Lichtes bezieht.

 sind als die Federn der Maat anzusprechen und stehen als Signal für mitunter nur subtil angedeutete Anspielungen auf den gesamten Problemkreis der Rechtfertigung des Königtums des Horus gegenüber seinen Feinden, für die stets wieder herzustellende und zu garantierende Weltordnung, dies mit allen seinen feinen literarischen Verästelungen, als deren Träger oft Thot in einer seiner zahlreichen Funktionen in griechisch-römischer Zeit erscheint.

 verkörpern als Uräen die beiden Landeshälften und erscheinen damit als Träger des in den Texten so vielfältig ausgebreiteten Dogmas vom König, dessen Herrschaft sich eben in diesen beiden Ländern manifestiert. Auch hier sind sie als Signale von manchmal nur am Rande einbezogenen Aussagen zu diesem Themenkomplex zu verstehen, der aber doch immer mit ein paar wenigen prägnanten Signalworten seinen unverkennbaren Niederschlag findet.

Diese drei Elemente nun können, mit unterschiedlicher Gewichtung in den einzelnen Texteinheiten, aufgespürt und als in die ikonographische Ebene transponiert erkannt und erklärt werden, wobei es offensichtlich keine Rolle spielt, welchem der Handlungsträger innerhalb einer solchen Texteinheit die eine oder andere Aussage zufällt.
Das Bild der Krone nimmt die einzelnen Elemente aus der Gesamtheit des Textes auf und verarbeitet sie zu einer übergeordneten Einheit, wobei immer der König als Träger erscheint. Es ist, als solle damit der besondere dynamische Aspekt des Königs als Handlungsträger, z.B. in einer Opferszene, zum Ausdruck kommen. In ihm kumuliert der Sinn und Zweck der Handlung selbst, wobei selbst die Götter unter ikonographischen Gesichtspunkten eher von zweitrangiger Bedeutung zu sein scheinen.

2 Edfou I, 448, 17 ff., Linteau, 2. Säulensaal Nordseite, Tf. 40a; III, 62, 9 ff. und III, 66, 15 ff., Tf. 55, Porte Pronaos Extérieur; III, 80, 16 ff., Tf. 57, Porte Pronaos Intérieur; XV, 26, 12 ff., Photo 15, No. 35, Porte Vestibule Central.

Das augenfälligste Beispiel nun zu diesen Aussagen liefert Edfou III, 80, 16 ff., auf der Innenseite der Tür des Pronaos: ein ganz kurzer Text nur zum König, Thot und Horus mit einem Bandeau erläutert diese drei ikonographischen Elemente:

Bandeau: *"Der Schützer, der die Städte schützt, der die Gaue bewahrt ..., der die beiden Länder (mit seinen Armen) umfaßt ..."*. In drei kurzen Aussagen wird die zugrundeliegende Idee des Schutzes und damit wohl auch der "Herrschaft (über die beiden Länder)" zum Ausdruck gebracht.

Thot: *"Thot der zweimal Große, Herr von Hermopolis, der die beiden Brüder richtet"*. Maat als die gerechte Ordnung, die durch Thot garantiert wird, scheint hier greifbar nahe auf, ohne daß dies näher erläutert werden müßte.

Horus: *"Horus von Edfu, der große Gott, Herr des Himmels, der Buntgefiederte, der aus der Achet kommt"*. In seiner einfachsten Form als Tempelherr wird hier Horus, ebenso knapp wie zuvor Thot, vorgestellt, wobei aber nicht seine damit so oft wesenhaft verbundene Eigenschaft als kriegerischer Horus erscheint, sondern nur seine solare Natur angedeutet wird.

Summieren wir nun die hier in kürzester Form gemachten Aussagen als die Essenz selbst ihrer ikonographischen Form, so ersteht daraus das Bild der Krone , die anderenorts zwar ausführlicher, aber ebenso unmißverständlich als in ägyptischer Denkart "analysiert" erscheint.

Auch die folgenden beiden Beispiele befinden sich auf der Tür des Pronaos (Edfou III, 66, 15 ff.):

Bandeau: *"[Edfu ist] wie der Horizont des Himmels, in welchem (m ḫnw) Horus ers[trahlt] (wb[n])"*.[3]

Die königliche Sphinx: *"Nimm dir das Anch-Symbol: hat deine rechte Hand es ergriffen, leben die Menschen (auf), wenn du erscheinst (wbn); das Was-Symbol für dich: hat deine linke Hand es ergriffen, so ergänzt du (pšḏ), und du bist mächtig gegenüber deinen Feinden (wśr.tj r rḳww.k)"*.

3 Die Ergänzungen erfolgen nach Edfou III, 62, 9 (s. den folgenden Text) und Edfou VII, 178, 11.

Horus: *"... der aus der Achet kommt... - Ich gebe dir das Anch- und das Was-Symbol, [...]pś ... šf(j)t.k... [..]".*

Dieser Text nimmt in überaus gestraffter Form die obengenannten drei Themen auf. Das Bandeau läßt nur in der Schreibung die Besitznahme der "beiden Länder" erscheinen, da dies eine zwar nicht gängige, aber mögliche Schreibweise von *m ẖnw* ist, und es ist parallel zu dem ihm gegenüberliegenden *m ḳ3b* konzipiert. Dabei werden also geschickt das Thema und Ziel der Aussage durch die Wahl dieser besonderen Schreibung gleichzeitig suggeriert, wie dies so oft in Texten dieser Epoche geschieht.
Der Hinweis auf das Thema des "Lichtes" in der Rede der königlichen Sphinx geschieht nur sehr knapp durch die Wahl der Verben *wbn* und *pśḏ*, welche aber als Signalworte ausreichen.
Einen wichtigen Hinweis, auch auf die Herrschaft, weist die Rede des Horus auf, wenn auch leider sehr lückenhaft: mit einiger Sicherheit kann man das verbleibende *pś pśš/pš* ergänzen, im Sinne von *dmḏ pš wn m wp "vereinigen was getrennt war"*. Dies ist um so wahrscheinlicher, als das folgende deutlich lesbare *šf(j)t.k, "dein Ansehen"*, mit Sicherheit in den Kontext der aus der Herrschaft über die beiden Länder erwachsenen und/oder neuerworbenen Macht einzuordnen ist.[4]
Die Aussage zur Idee der Maat ist also auf dieser linken Türlaibung nur implicite zu erschließen. "Mächtig seinen Feinden gegenüber" zu sein ist als aus anderem Zusammenhang losgelöster Textteil in sich nicht aussagekräftig genug. Beziehen wir aber die gegenüberstehende Türlaibung[5] ein, so gewinnt *wśr* die ganz spezifische Bedeutung der Stärke, mit welcher ursächlich die Rechtfertigung, als ein fest im Maat-Komplex verankerter Begriff gekoppelt erscheint: *"Horus ... Herr der Maat, stark (wśr) ... "*.
Ganz ohne Zweifel ergänzt hier die eine Aussage die andere, und das knappe *wśr.tj r rḳww.k* muß in diesem Licht als Signal für die Maat angesehen werden.

(Edfou III, 62, 9 ff.):
Bandeau: *" ... ... und der Horus der Horusgötter leuchtet darin (m ḳ3b.ś)".*

Die königliche Sphinx: *"Nimm dir die Maat, ... du empfängst sie, die Maat, mit deinen Händen, wie Re das Wadj-Zepter von der Göttin Renepet*[sic]*-neferet empfängt".*[6]

4 So z.B. Edfou XV, 31, 10; u.a. mehr. - Zu *šfjt* s. u. Szene Edfou III, 118, 13 ff.
5 S. den folgenden Text.
6 So sicher zu lesen, cf. Edfou VII, 195, 2; dazu: 57, 13/14.

Horus: *"... der aus der Achet kommt, Herr der Maat, stark (wśr) [...]".*

Auch in diesem knappen Text sind alle drei Elemente enthalten: Horus *"leuchtet darin (im Tempel) auf"*, wobei die Zerstörung den Gesamtzusammenhang nicht deutlich erkennen läßt. Maat ist als Gabe das zentrale Thema, über sie verfügt Horus, der wie auf der gegenüberliegenden Seite *"stark"* ist. Auch hier läßt der fragmentarische Zustand des Textes keine näheren Schlüsse zu, sicher aber ist *wśr* an das gegenüberstehende *wśr.tj r rḳww.k* (s.o.) anzuschließen, wobei beide Aussagen zusammen die hier vorgegebene Idee der Maat noch unterstützen.
Die Herrschaft über die beiden Länder kommt dieses Mal in der Erneuerung der Herrschaft am Neujahrstage zum Ausdruck.

Das vierte Beispiel befindet sich auf der Außenseite der Tür des Saales der Neunheit (Edfou XV, 26, 12 ff.), ergänzend zu Edfou I, 357 ff.):

Titel: *"Opfer darbringen ... den König mit seinen ḥtpw-Opfern zufriedenstellen".*

König: *"Der Schai Ägyptens (B3ḳt), der Ägypten (Ḳbḥwj) versorgt...".*

Horus: *"... der die Feinde mit seiner großen Keule fällt. - Ich gebe dir, daß Ägypten (Kmt) dir seine Gaben bringt und die beiden Ufer des Horus dir ihre Kostbarkeiten".*

Isis: *"Ḫntjt-j3btt nbt Ḫntjt-j3btt".*

Diese Opferszene ist leider etwas unergiebig im Hinblick auf die vorliegende Untersuchung. Einzig die mehrmalige Erwähnung von "Ägypten" als *B3ḳt* und *Ḳbḥwj* , daneben auch *Kmt* und "die beiden Ufer des Horus" lassen das Thema der Herrschaft über die beiden Länder anklingen.[7]

7 *B3ḳt* und *Ḳbḥwj* sind programmatische Aussagen zur vollständigen Erfassung des Landes Ägypten auf verschiedenen Ebenen. Die Südseite des Pylons bietet vom Tableau du Soubassement bis zur Corniche diese *termini*, wobei *B3ḳt* (auf der Ostseite) die *mythologische Wirklichkeit* des Landes umreißt, das "heile, makellose" Land, wie es bei der Schöpfung der Welt in Esna (206, 3 = 5, 256) genannt wird, *Ḳbḥwj* (auf der Westseite) seine *materielle Wirklichkeit*, da es sich dabei um "Katarakt" und "Delta" handelt, also die beiden äußersten Punkte Ägyptens. S. dazu den im weiteren Verlauf der Edfu-Arbeiten zu veröffentlichenden Kommentar zu der Südseite des Pylons. - *Kmt* beinhaltet, soweit dies beim augenblicklichen Stand der Untersuchungen zu bewerten ist, den fruchtbaren Aspekt des Landes, die "Ufer des Horus" den für die Königsdogmatik relevanten Aspekt der ungestört auszuübenden Herrschaft.

Nur indirekt kann ein Hinweis auf Maat darin gesehen werden, daß "die Feinde (des Horus) gefällt" werden, eine inhaltliche Parallele zu dem Ausdruck der vorangehenden Textstelle *wśr.tj r rḳww.k*, denn auch hier kann der Sieg über die Feinde nur als Etappe auf dem Weg zur "Rechtfertigung" gesehen werden.

Auffällig ist immerhin das Auftreten der Göttin *Ḫntjt-j3btt* ("die Erste-des-Ostens"), worin eine zwar schwache, aber doch erkennbare Spur zur Idee des "Lichtes", welches von Osten kommt, zu erblicken ist. Insgesamt aber muß diese Szene als nicht sehr aussageträchtig eingestuft werden; nur unter der legitimen Einbeziehung der ihr gegenüberliegenden Szene unter gleichem Titel (Edfou XV, 31, 3 ff.) können die einzelnen Themen verstärkt werden, so besonders:

<u>Horus:</u> *"Ich gebe dir Oberägypten mit (seinen) Gaben und Unterägypten mit seinen Speisen; ... der König von Ober- und Unterägypten, der die beiden Hälften zusammenfügt, die getrennt waren (dmḏ pśštj wn(t)m wp), und den Papyrus (mit der Binse) vereinigt".*[8]

<u>Hathor:</u> *"Ich gebe dir jeden Ort, soweit das Licht reicht, mit seinen Gaben, um dein Vorratshaus zu versorgen" .*

Die Themen der "Herrschaft" sowie des "Lichtes" erfahren durch diese Aussagen eine Verstärkung, das Thema der Maat bleibt auch hier im Gegensatz dazu auffallend farblos.

Eine ähnlich ungleiche Gewichtung liegt auch in der letzten der fünf Türszenen vor (Edfou I, 448, 17 ff.):

<u>Titel:</u> *"Das wnšb seiner Mutter überreichen ...".*

<u>König:</u> *"... der das wḏ3t-Auge mit seinem Bedarf (= mit seinen Teilen) füllt".*

<u>Hathor:</u> *"... das Licht ..., die Strahlen; ... es sehen die Götter durch [ihre?] Sonnenstrahlen. - Ich gebe dir das, was die Sonnenscheibe sieht, was der Mond erblickt und alles, was die beiden Lichter umschließen, und die Verdoppelung des Königtums seitens des Hśb-jnw".*

8 Dies kann trotz der kurzen Schreibung nur so verstanden werden.

Das Gewicht der Aussagen liegt unbestreitbar auf dem Thema des Lichtes, welches ja ursächlich mit dem *wnšb* -Gerät als Zeitmesser[9] in enger Verbindung steht. Die zahlreichen Hinweise auf das "Erstrahlen" des Lichtes sowie auch der in den Rahmen des Mythos vom Sonnenauge einzuordnende Hinweis auf das "Auffüllen" des Gestirnes kann in keiner Weise verwundern.
Einmal nur tritt das Thema des Königtums hervor, welches, soweit dies der fragmentarische Text erkennen läßt, als von Thot garantiert erscheint. Das Königtum aufzuzeichnen (in den Annalen o.ä.) fällt ohnehin in den Funktionsbereich des Thot; auffällig daran ist jedoch hier die dafür gewählte Form des *H̱śb-jnw* , unter welcher er in griechisch-römischer Zeit besonders im Themenkreis des verletzten und in allen seinen Teilen *(jnw)* wieder hergestellten Sonnen- (oder Mond-)auges wie auch als Berechner der Mondphasen hervortritt.[10] Die Wahl dieses Epithetons schafft also auf unmittelbare Weise die Verbindung von den diesen Text beherrschenden "Gestirnen" zu der zu ihrer Stabilität nötigen Stütze durch die Maat, wobei das "Königtum" in einer Art Analogieverfahren an die gleiche Stelle rückt und somit ebenfalls zum Nutznießer dieser besonderen Funktion des Thot wird.
Der Steg ist sehr schmal, auf welchem sich neben dem vorherrschenden Thema der "Gestirne" die beiden anderen Aussagen zum "Königtum" und (implicite) der "Maat" bewegen. Insgesamt aber ergeben sie durch einige Signalworte eine schlüssige Komposition, welche wiederum in der Krone subsumiert wird.

Mag es uns hier schon gelungen sein, eine plausible Erklärung der einzelnen ikonographischen Elemente ⊙ ,  und  zu geben, deren Zusammenspiel sich aus den Texten erschließen läßt, so kann auf diesem Wege noch weiter fortgeschritten werden.
Dazu rückt die Krone  in den Vordergrund, welche, auch zweimal auf dem Pylon von Edfu als auf dem hier primär zu verarbeitenden Material vertreten, ohne die bisher bekannten Elemente zu verändern, ganz deutlich die Sonnenscheibe ⊙ in das Blickfeld stellt. Die mit diesem Befund zusammengetragenen 20 Beispiele aus Edfu sind das ikonographische Résumé einer begrenzten Anzahl von Themen in Opferszenen, deren Bezug untereinander außer Zweifel steht.

9 L. Borchardt, Die Geschichte der Zeitmessung und der Uhren; Wasseruhren: S. 6 B ff., bes. S. 26 B. - S. jetzt Ch. Sambin, Clepsydre, Stud. Aeg. XI, Budapest 1988.
10 M.-Th. Derchain-Urtel, Thot à travers ses épithètes dans les scènes d'offrandes des temples d'époque gréco-romaine, Rites Egyptiens 3, Brüssel 1981, S. 37 ff.

Es handelt sich dabei um 7 Weinopfer, 6 Schmuckopfer, 2 Spiegelopfer, dazu je ein Opfer der *šktt*, Barke, der Maat, Salbe, *ʿnḫw*-Blumen sowie um das "Vereinigen der Strahlen der Sonnenscheibe", welches ganz direkt den Weg zum Verständnis der die ☉ -Sonnenscheibe betonenden Krone eröffnet.[11]

Wein-, Schmuck- und Spiegelopfer, vornehmlich an Hathor(-Isis), aber auch an Horus gerichtet, offenbaren als gemeinsamen Nenner einen stark ausgeprägten solaren Charakter, welcher hier anhand einiger besonders prägnanter Beispiele nachgewiesen werden soll. Das gleiche gilt auch für die anderen Szenen, wenn auch in weniger auffälliger Form.
Neben einer stark zerstörten Szene auf dem Rahmen des Südtores des Pylons, die hier nicht gewinnbringend herangezogen werden kann (Edfou VIII, 12, 5 ff.), befindet sich eine zweite Szene auf der Türdicke des Nordtores des Pylons mit einem Weinopfer an Hathor und Horsemataui (Edfou VIII, 54, 14 ff.):

<u>König:</u> *"König von Ober- und Unterägypten. ... - Es ist (der König) auf seinem Thron als Herrscher (jtj) der beiden Länder und der Ufer (jdbw), indem er s3-Wein herbeibringt ..."* .

☉ <u>Hathor:</u> sie tritt als *Tefnut, Tochter des Re* auf, d.h. in starker solarer Verknüpfung ohne jede Einschränkung.

☉ <u>Randzeile:</u> *"Das Auge des Re leuchtet in št-wrt, das Gold der Götter ..., indem sie das rechte Auge (wnmt) erstrahlen läßt, das linke Auge (j3bt) ausstattet und das Horusauge mit reinem Wein füllt ..."*.

Dieser letzte Teil ist hier das Verbindungsglied zwischen dem eigentlichen Weinopfer und dem zum Ausdruck gebrachten Gedanken an das Licht, welches als Horusauge erst wieder "gefüllt (in allen seinen Teilen)" erstrahlen kann.
Diese hier aufgezeigte Linie, die vom Wein zum Licht führt, ist auch in allen anderen Weinopfern mit diesem besonderen ikonographischen Merkmal erkenntlich und kann somit als dafür exemplarisch festgehalten werden.
Ein Anklang an die in angedeutete Maat ist in dieser Szene nicht auszumachen; die Gewichtung verläuft allzu einseitig.

11 Wein: I, 109, 8 ff.; I, 234, 8 ff.; I, 158, 10 ff.; I, 458, 16 ff.; III, 241, 12 ff.; III, 242, 13 ff.; VIII, 54, 14 ff. - Schmuck: II, 297, 7 ff.; II, 282 ff.; III, 119, 8 ff.; III, 179, 10 ff.; III, 175, 8 ff.; III, 272, 3 ff. - Spiegel: I, 73, 17 ff.; III, 126, 7 ff. - *šktt*-Barke: III, 30, 3 ff. - Maat: III, 128, 4 ff. - Salbe: III, 171, 16 ff. - *ʿnḫw*-Blumen: VII, 80, 10 ff. - *šnšn štwt:* III, 268, 11 ff.

Als Schlüsselszene jedoch zu dieser die ⊙ -Sonnenscheibe betonenden ikonographischen Aussage ist die folgende Szene zu betrachten, die zwar außerhalb des Materials der Türen von Edfu liegt, jedoch als Programmszene schlechthin jeder weiteren Betrachtung vorangestellt werden muß (Edfou III, 268, 11 ff.):[12]

⊙ Titel: *"Vereinige dich mit den Strahlen der beiden Scheiben, (du), für die die beiden Lichter gemacht wurden in der Nacht ihrer Geburt(?)".*

⊙ König: *"... Sprößling des Irta (= Ptah),*[13] *der die Sonnenscheibe gebildet hat für die Fürstin der Göttinnen".*

⊙ Isis: *"... die in Dendera zur Königin geboren wurde, die das Land erhellte, als sie aus dem Leib (der Nut) hervorkam, es erscheint das Licht, wenn sie ihre Augen öffnet". - "Ich gebe dir, was (mein) rechtes Auge am Tage sieht und (mein) linkes Auge in der Nacht schaut".*

Wie der Titel bereits vermuten ließ, ist hier ausschließlich das Thema des Lichtes in den Vordergrund gerückt. Die anderen beiden ikonographischen Elemente  und  finden in dieser so übermächtig einseitig gestalteten Szene kaum Platz (s. Kurth, o.c., 55, 11-13) und dienen hier beinahe nur noch als Rahmenform, wie es eingangs bereits angedeutet wurde. Diese Szene verzichtet auf fast jede weitere Aussage und stellt dabei besonders das eine zentrale Thema als Leitmotiv heraus. Ist diese einseitige Gewichtung in den folgenden Szenen dieser ikonographischen Art auch nicht mehr in gleichem Maß auszumachen, so liegt sie doch allen weiteren Szenen zugrunde, da sie dabei auf jeden Umweg über die Mythologie verzichtet und das Thema des Lichtes in unmittelbarer Weise angeht.

Eine ähnlich starke Betonung dieses einen zentralen Themas, allerdings in gestaltete Form gebracht, bietet so eine Szene mit dem Opfer des Halskragens *jrt-ḫḫ* (Edfou III, 175, 8 ff.):

12 S. D. Kurth, Die Dekoration der Säulen im Pronaos des Tempels von Edfu,GOF 11, Wiesbaden 1983, S. 55 ff.

13 S. dazu z.B. Dendara VIII, 133, 1 (Goldschmiedewerkstatt): "(Der König) ... *wtṯ n Ptḥ nbj nṯrw m ḥt-sšš*", "Sprößling des Ptah, der die Götter bildet im Sistrumhaus" (dgl. ibd. 135, 2). Die Betonung liegt hierbei auf der bekannten Funktion des Ptah als Obersten der Handwerker.

⊙ König: *"... dessen Hände von (Ptah-) Ta-Tenen geschickt gemacht wurden... Es ist (der König) im Tempel als Bild des Ältesten der beiden Länder, indem er den Halskragen bringt, den bb-Kragen erhebt und die Brust der Rat schmückt. Er ist wie Djed-schepes (Ptah)*[14]*, beim Schmieden von Gold".*

⊙ Hathor: *"... Auge des Re..., die die beiden Länder erhellt, wenn sie aus ihrem Haus aufgeht, glänzend an Erscheinen wie Re".*

Der König, der von Ptah als Goldschmied angeleitet wird, bindet somit das Licht in die gestaltete Form des "Halskragens", der die Rat, das Sonnenpendant schmücken soll. Auch hier erscheinen alle weiteren Aussagen untergeordnet und lassen für die anderen Themen keinen Raum, die wiederum eher als Rahmenform begriffen werden.

Ganz ähnlich ist das folgende Spiegelopfer einzuordnen. Wie dabei nicht anders zu erwarten, stehen die Aussagen zu den Lichtträgern Sonne und Mond im Vordergrund, wobei letzterer doch proportional dazu nur geringfügig berücksichtigt wird (Edfou III, 126, 7 ff.):[15]

⊙ Titel: *"Spiegel darbringen. Ich habe die Sonnenscheibe (Spiegel) gepackt und den Spiegel ergriffen...".*

⊙ König: *"Es ist (der König) im Erscheinungsfenster ..., indem er die Sonnenscheibe (Spiegel) herbeibringt, den Spiegel erhebt und das Gesicht [seiner Herrin(?)] erhellt. Er ist wie die Sonnenscheibe, durch deren Strahlen man sieht, die die Wege in der Dunkelheit erhellt hat".*

⊙ Hathor: *"... Auge des Re..., die weibliche Sonnenscheibe, die Zweite der Sonnenscheibe, Herrin der Strahlen, die die Strahlen (der Sonne) erschafft, leuchtend an Erscheinen wie Re".*

⊙ Randzeile: *"Die weibliche Sonnenscheibe strahlt auf im Ḥt-j́sbt ...; ... lapislazulifarbenen Kopfes (ḫsbḏ tp) ...".*

14 Zu diesem Beinamen s. Sandman-Holmberg, The God Ptah, 154 ff.

15 C. Husson, L'offrande du miroir dans les temples égyptiens de l'époque gréco-romaine, S. 69 ff., Dok. 4.

Auch hier wird nur das zur ikonographischen Aussage gelangte Thema ⊙ ausgeführt; jede andere Betrachtung mußte der Übermacht dieser hier zusammengetragenen und in ihrer Klarheit und Einfachheit fast dogmatisch zu nennenden Aussagen weichen. Gestützt wird dies noch durch den Hinweis, der Kopf der Göttin Hathor sei, wie so oft, lapislazulifarben. Darin ist eine weitere deutliche Anbindung an den rein solaren Charakter dieser Szene zu erkennen, da Lapislazuli ausschließlich in diesem Zusammenhang auftritt.[16]

Eine weitere Szene noch ist in gleichem Maße dieser besonderen Gewichtung des Themas ⊙. zuzuordnen. Es handelt sich dabei um das Opfer der *śktt*- (Nacht)-Barke (Edfou III, 30, 3 ff.):

⊙ König: "... *der den Gott in seiner šsmt-Barke erscheinen läßt*".[17]

⊙ Horus: "... *Re-Horachtj, der im Osten erstrahlt, der sich zum Himmel erhebt auf den Armen der (beiden) Schwestern, der Himmel und Erde mit seiner Schönheit erfüllt*".

⊙  Randzeile: "... *ich gebe dir das, was das rechte Auge am Tage erhellt hat und das, was das linke Auge in der Nacht beleuchtet hat*".

Wie bereits einmal zuvor werden auch hier beide Gestirne angesprochen, wobei dieses Mal das Gewicht des Textes etwas mehr auf die Seite des Mondes als auf die der Sonne ausgerichtet erscheint.
Der in der Rede des Horus angesprochene Sonnenaufgang "auf den Armen der (beiden) Schwestern" nimmt das gebräuchliche, auch zur Hieroglyphe gewordene Bild der Sonne auf, die bei ihrem Aufgang von den Schwestern Isis und Nephthys, meist stehend, auf ihren Händen emporgehoben wird.
Auch hier, ähnlich wie in den vorangegangenen Szenen, werden die anderen Themen  und  nur kurz angesprochen. Letzteres in der Rede des Gottes, ersteres durch den "rechten Wind" (III, 30, 4).

16 M.-Th. Derchain-Urtel, Die Schlange des "Schiffbrüchigen", SAK 1, S. 86 ff. - Allerdings könnten die beiden Schlangen den beiden Spiegeln (Augen) entsprechen, eine Anspielung auf das Thema der Herrschaft liefert das Epitheton des Königs "guter Gott der Rechit" (III, 126, 11).
17 *sḫ^cj nṯr m šsmt.f*; es ist hier wohl gleichzeitig Kultbild und -barke gemeint, s. Wb 4, 291, 9 f.

Die anderen in der Liste der mit dieser Kronenform versehenen Opferszenen bieten weitaus nicht immer in gleich konzentrierter Weise die bisher aufgeführten Themen, wobei aber doch allgemein das Thema der Gestirne gegenüber allen anderen überwiegt. So soll es auch hier nicht die Aufgabe sein, alle weiteren Szenen in diesem Sinne auszuleuchten; nur eine letzte soll dazu noch herangezogen werden, da sie die drei Themen , und gleichmäßig verteilt bietet und somit nicht einmal typisch für die spezielle ikonographische Form zu sein scheint. Es handelt sich wiederum um ein Schmuckopfer, den *ṯst*-Kragen, der dieses Mal Horus dargebracht wird (Edfou III, 179, 10 ff.):

König: *"... der heilige Beschützer der Majestät des Horachtj, der die Brust des šnbtj-Falken schmückt. - ... Herr der beiden Ufergebirge, der Tribute einzieht aus [...(?)] ..."* .

Horus: *"Ich habe deine Feinde vertrieben ... (und) ich gebe (dir) die jm3ḫ-Würde(?). - ... der große Apj, der die beiden Länder mit seinen Flügeln schützt ..."*.

Das Thema wird nur geringfügig berücksichtigt, so in der "Majestät des Horachtj" und in dem "großen Apj", der immer solaren Charakters ist. Auch das Thema kommt nur andeutungsweise in dem "Vertreiben der Feinde" als Voraussetzung zur Herrschaft, die nur durch die "Rechtfertigung" zu erlangen ist, zur Sprache, und auch das Thema der Königsherrschaft selbst . wird nur durch "die beiden Ufergebirge", "die beiden Länder" und "das Einziehen der Tribute" angedeutet.
Insgesamt also haben wir hier eine Opferszene vorliegen, deren Themen auch in der vorab behandelten Krone zusammengefaßt erscheinen könnten. Da dies nicht der Fall ist, muß davon ausgegangen werden, daß global dieser Szene (wie auch den anderen Szenen dieser Reihe) eine spezifisch solare Komponente innewohnt, die sich möglicherweise aus dem Zusammenspiel aller dort verwendeten *termini* als Signalworte ergibt, für deren Erfassung uns aber vorerst kein ausreichend feines Raster zur Verfügung steht.

Abschließend sollen hier noch zwei Kronen untersucht werden, die sich nahtlos in die vorangegangene Reihe einfügen. Es handelt sich dabei um mit den Kronen oder in der Mitte, welche das ganze Gewicht der Aussage tragen, wobei also die Rahmenform der bisher untersuchten Kronen erhalten bleibt.
Die oberägyptische Krone innerhalb dieser Rahmenform ist hier ausgeklammert, da das vorliegende ikonographische Material in vielen Fällen keine eindeutige Unterscheidung zuläßt (bzw. unzuverlässig erscheint), ob es sich nun tatsächlich um eine Ableitung aus der hier untersuchten Form mit dem Aussageelement handelt oder aber ob die leicht damit zu verwechselnde Atefkrone vorliegt.

Fünf Opferszenen sollen zur Beweisführung für  herangezogen werden. Die Liste ließe sich beliebig verlängern, ohne aber dabei wesentlich neue Erkenntnisse zu erbringen.

Die erste dieser Szenen richtet sich an Osiris und Horus (Edfou I, 162, 7 ff.):

Titel: *"Wasser spenden seinem Vater ..."*.

 König: *"... Erbe des Osiris, Kind der Isis ..."*.

Osiris: *"Ich gebe dir Hapj (= Überschwemmung) ..., damit sie für dich die beiden Länder alljährlich überschwemmt"*.

 Horus: *"Sohn der Isis ... der lebende Falke auf der Palastfassade, mit dessen Namen der Name der Könige (nswjw) proklamiert wird, der*  *an der Spitze der Namensreihe der Könige (bjtjw) sitzt. - Ich gebe dir das Mekes, welches mir mein Vater gegeben hat, und das Testament jmjt-pr, welches mir meine Mutter gegeben hat"*.

Osiris: *"Gott der Städte, Herrscher (jtj) in den Gauen, König (nśwt) in Busiris ..."*.

Diese Legitimität wird erhärtet durch die Schlüsselworte *mkś* und *jmjt-pr*,[18] die vor dem Tribunal von Heliopolis dem Horus (und somit allen folgenden Königen) zugesprochen werden; ohne nun das Thema der Maat  besonders hervorzuheben, erscheint es so bereits in der vorausgesetzten "Rechtfertigung" gegeben und ergänzt die so gewichtige Aussage zur unumstrittenen und höchsten Ortes garantierten Königsherrschaft, die sich in  manifestiert.
Das Thema von fällt hier wie meist in den folgenden Szenen auch ikonographisch aus; für die Übernahme und die Stabilität der Königswürde ist es nicht von zentraler Bedeutung.

Die folgende Szene bringt ganz direkt die beiden Uräen als Verkörperung der beiden Länder ins Spiel, wie dies auch schon als Prämisse am Anfang aller Überlegungen gestanden war (Edfou III, 118, 13 ff.):

18 Thot, S. 14 ff.

<u>Titel:</u> *"Die beiden Uräen übergeben. - Nimm dir die Stätten des "Bösen" (= Seth) zu deinen Dienern, die Gaue des Horus allesamt zu deinen Untergebenen, die Städte Oberägyptens und die Stätten Unterägyptens zum Gefolge deiner Majestät. Du bist ihr Herr, du regierst den Süden als oberägyptischer König, du beherrschst den Norden als unterägyptischer König; du vereinigst die beiden Länder zu einem".*

<u>König:</u> *"... König von Oberägypten, König von Unterägypten, der die ober- mit der unterägyptischen (Wappen-)Pflanze vereinigt".*

<u>Horsemataui:</u> *"Ich gebe dir die Maat, die schön erschienen ist bei (mit) ihrer Schwester, indem sie vereint sind auf dem Scheitel deiner Majestät. - ... der die beiden Länder mit seiner Furcht (= die er eingibt) ergreift, der die beiden Herrinnen auf seinem Kopf erhebt".*

<u>Randzeile:</u> *"Es ist [...] aufgegangen in Mesen als Throninhaber des Behedeti [...] . Er ist der Herr des Ansehens (šfjt)".*[19]

Auch diese Szene legt ihren Schwerpunkt ganz deutlich auf die Königsherrschaft über die beiden Länder, wobei dieses Mal nicht die Herkunft von Osiris und Isis primär wichtig erscheint, sondern die vollzogene, aber immer wieder zu vollziehende Reichseinigung. Ansehen und Furcht, die der König verbreitet, sind als direkte Folge der "Herrinnen auf seinem Kopf" zu verstehen, und so schließt sich der Kreis um das selten auf diese Weise dargelegte Thema der Herrschaft, da in den meisten Fällen statt der beiden Uräen die beiden Kronen und Ober- und Unterägypten selbst als Opfergabe erscheinen. An der Identität beider Ausdrucksmittel aber kann kein Zweifel bestehen.
Daneben kommen aber auch die Themen und ☉ zur Sprache, runden also die Gesamtkonzeption ab, wobei im Bild selbst ☉ auch hier nicht berücksichtigt wird.

Eine dritte Szene nach der gleichen ikonographischen Art verlagert die Gewichte der Aussagen auf ausgewogenere Weise (Edfou IV, 258, 12 ff.):

<u>Titel:</u> *"Weihrauch und Wasser spenden".*

19 Zu *šfjt* in diesem Zusammenhang s.o. Szene Edfou III, 66, 15 ff.

 König: *"... Kind der Schönen, Herr der Schönheit, der ihren Schrecken im (Land der) Fnḫw verbreitet. - Der Jüngling ... Hohepriester, Gehilfe des Horus, ... groß an Kraft, den sein Vater in Thron-des-Harachte (Edfu) erscheinen ließ".*

 Der Gott des Tempels: *"... der den Speer zu Urzeiten ergriffen hat, in seiner Gestalt des Ältesten der beiden Länder ...".*

 Randzeile: *"Dieser herrliche Gott in Thronsitz-des-Re (Edfu), der Mesen mit Speise und Fangertrag überschwemmt, der die Asiaten geschlagen und die Trogodyten zur Richtstätte geführt hat ...".*

Wasser und Weihrauch erscheinen hier als allgemeine Wohltaten, die mit dem ikonographisch betonten Thema der Königsherrschaft  in keinem besonders ausgeprägten Zusammenhang zu stehen scheinen. Die Themen sind gleichmäßig verteilt: der "Schrekken in (dem Land der) *Fnḫw* setzt die dort ausgeübte Herrschaft voraus, und diese Idee wird durch die Wahl des Verbes *sḫ*ᶜ*j* "(als König) erscheinen lassen" noch verstärkt, ebenso durch den Hinweis auf die unterworfenen Fremdvölker. Die "Urzeit" kann nur auf die seit je bestehende Rechtmäßigkeit des Horus-Königtums verweisen, bleibt aber doch in der Aussage recht schwach.
Auch diese Szene, wie bereits oben in ähnlichem Zusammenhang vermerkt, hätte (nach unserem bisherigen Kenntnisstand) nicht unbedingt auf die besondere Form  zurückgreifen brauchen, sondern sie könnte sich ebenso gut in die erste Reihe der hier behandelten Form  einfügen. Da dies nicht der Fall ist, können wir nur feststellen, daß unser Instrumentarium zur Erfassung aller notwendigen Komponenten als nicht ausreichend verfeinert angesehen werden muß.

Von der hier zuletzt zugrunde gelegten Kronenform mit der Doppelkrone  in der Mitte ist nun ikonographisch eine weitere Abzweigung vorgenommen worden, der hier in zwei letzten Beispielen nachgegangen werden soll.Es handelt sich dabei um die Form 

Ein hervorragendes Beispiel für die begrenzte ikonographische Aussage von , also der Krone von Unterägypten, liefert folgende Szene (Edfou IV, 247, 11 ff.):

Titel: *"w3ḏ.ṯ n.ṯ ḫbt m Ḫbt w3ḏ t3wj m w3ḏ.ś*
(der Wortspiele von w3ḏ bzw. ḫb wegen verzichte ich hier auf die Übersetzung).

König: *(mit einem Papyrusstengel in der Hand): "... Sproß (w3ḏ) der W3ḏjt, der die Genossen des Seth vertreibt, tapfer und tüchtig zu seiner Zeit. - Es ist (der König) auf seiner Matte, als Herrscher (jtj), geboren in Chemmis (Ḫbt), ... indem er die "W3ḏjt der beiden Länder" verehrt".*
W3ḏjt: "Ich gebe dir die Lebenszeit des Horus von P; ich umfasse
⊙ *deinen Kopf als Diadem(?)*[20] *von Unterägypten. - ... Auge des [Re...], die weibliche Sonnenscheibe, leuchtend ... in der Nacht, die das Leuchten gibt am "Sitz der Dunkelheit".*

Randzeile: *"wnn Wḏ3t wḏ3.tj m Wṯst (als Wortspiel), die ihren Vater schützt auf der "Insel-des-Wütens (Edfu)" ... Sie ist "die aus Chemmis", die ihren Sohn schützt...".*

Diese Szene erscheint ganz und gar als nach Unterägypten verlagert; Papyrus und die Erwähnung von Chemmis als der Stätte, an welcher der junge Horus im Schutze des Papyrusdickichts zur Königswürde heranwachsen konnte, sind nicht zu übersehende Signale. Daneben wird aber noch in sehr deutlicher Form das Licht des Mondauges ins Spiel gebracht. *W3ḏjt* leuchtet als eines der beiden Augen des Re, da sie "den Kopf (des Königs) umfaßt". Der Hinweis auf die Nacht bzw. die "Dunkelheit" als Funktionsbereich der *W3ḏjt* knüpft hier in subtiler Weise an die Aussage zum Bild der Königskrönung auf dem Türsturz der Innenseite des 2. Säulensaales von Edfu an: die Krone von Unterägypten heißt dort *j3bt n Rᶜ* und wird dem König von Thot überreicht, als thematische Ergänzung zu der Darstellung des Sonnenaufganges auf der Außenseite dieser gleichen Tür.[21] Leider findet dieses Thema in der Ikonographie keinen Niederschlag, da das Element ⊙ in dieser Darstellung (wie auch der folgenden) nicht berücksichtigt erscheint.

Die letzte Szene dieser Reihe nimmt die charakteristischen Merkmale der vorangegangenen Szene auf, verbindet sie aber mit anderen Elementen und gibt dieser somit eine unterschiedliche Richtung (Edfou III, 122, 6 ff.):

20 Lesung fraglich; ob *št3t* s. Wb IV, 554, 14-555, 1? cf. RÄRG, 853 b.
21 S. den Kommentar zu dieser Tür, Edfou II, 17 ff., Tf. 40 h, demnächst in einem der Begleithefte des Edfu-Projekts.

Titel: *"Reinigen mit den vier nmšt-Wasserkrügen; die vier šꜥt-Krüge kommen zu deiner Majestät, um deine Gestalt mit ihrem (Inhalt) zu reinigen ...".*

König: *"... w3ḏ n W3ḏjt, der die Götterbilder reinigt, der die Götter mit Natron reinigt. Es ist (der König) auf seinem Thron .... Er ist wie der Sohn der Isis, in Chemmis geboren, der den Ka aller Götter reinigt".*

Horus: *" ... der in B3ẖw aufgeht, der Strahlen aussendet und den Leib aller Götter reinigt ...".*

Randzeile: *" ... Er ist Apj, in dessen Gefolge der weibliche Apj ist (Uto als sein Uräus), der am Himmel aufgeht und Strahlen aussendet".*

Drei Themen, die Reinigung, die dem jungen Horus zustehende Königswürde sowie das Erstrahlen des Lichtes stehen hier fast gleichwertig nebeneinander, wobei natürlich durch den "Sohn der Isis in Chemmis" Unterägypten besonders hervorgehoben wird, der König somit als "Sproß der *W3ḏjt"* auftritt und sich diese Zielrichtung im Bild niederschlägt. Die Reinigung beschränkt sich dabei auf die Götterbilder (im Tempel); nicht die wohltuende Kraft des Wassers, welches in den dazugehörigen Aussagen immer polyvalent erscheinen kann, steht hier im Vordergrund, sondern das Wasser der *nmšt*-Krüge beinhaltet einen kultischen Zweck und kann deshalb auch gar nicht (wie z.B. oben Edfou I, 162, 77 ff.) in die übergreifende Königsdogmatik einbezogen werden.

Die hier untersuchten Kronen bieten bei abschließender Betrachtung das Spiegelbild einer jeweils in sich geschlossenen Aussageeinheit, deren Einzelelemente sich auf der Textebene in den meisten Fällen problemlos erschließen und ihren entsprechenden ikonographischen Niederschlag finden.
Es steht zu erwarten, daß ähnlich verlaufende, d.h. eine jedwede Krone in ihre Einzelelemente zerlegende Untersuchungen auch für andere Kronenformen zu einem annehmbaren Ergebnis führen, in dem Maße allerdings, in welchem die Natur dieser Einzelelemente eindeutig bestimmbar ist. In den hier vorliegenden Fällen war die Definition jedes der diese Kronen komponierenden Elemente , , , und ein relativ einfaches, da augenfälliges Unterfangen. Kompositionsteile anderer Kronen mögen sich weniger leicht erschließen, wobei eventuell auch die Frage nach dem Material, aus welchem sie hergestellt waren (bei aller Einschränkung durch die eingangs aufgeworfene Frage nach ihrer "Tragbarkeit") berücksichtigt werden muß. Doch auch dieser Weg muß zumindest versuchsweise begangen werden, in der Hoffnung, das überreiche ikonographische Material der Kronen in griechisch-römischer Zeit nach und nach präzisieren und deuten zu können.

HEINZ FELBER

ANMERKUNGEN ZUM AUFBAU DER GÖTTLICHEN RANDZEILE *jw.tj m ḥtp*

Im Jahre 1968 publizierte Erich Winter sein wichtiges Werk "Untersuchungen zu den ägyptischen Tempelreliefs der griechisch-römischen Zeit" und eröffnete damit ein neues Kapitel der Bearbeitung und Beurteilung der Ritualszenen dieser Tempel. Insbesondere der erste Teil seines Werks, in dem der Aufbau der Randzeilen der Tempelszenen untersucht wird in seiner Entwicklung bis hin zur Ausbildung eines Idealschemas unter Ptolemaios VIII. Euergetes II., ist seither grundlegend für die Arbeit eines jeden Ptolemaisten.

Im Vorwort hält Winter fest, daß am Anfang seiner Untersuchungen Beobachtungen standen, die bei der Arbeit an der Edition der Philä-Texte gemacht wurden. Auch die hier darzustellenden Anmerkungen zum Aufbau der göttlichen Randzeile des obersten von drei oder mehr vorhandenen Register im Idealschema sind der praktischen Übersetzungsarbeit entwachsen, nämlich der philologischen Bearbeitung der Edfu-Texte.

Das Ringen um das Verständnis dieser Texte, die zum Teil zerstörte Stellen aufweisen, zum Teil fehlerhaft geschrieben sind, durch ihr besonderes Schriftsystem aber auch ohne diese Mängel nur selten problemlos übersetzt werden können, verlangt u.a. eine Suche nach Regelmäßigkeiten im Textaufbau. Damit lassen sich oft "Verständnis-Inseln" bilden, von denen aus weitere Probleme gelöst werden können.

Winter bespricht (S. 53 ff.) ausführlich den formalen Aufbau und die theologische Bedeutung der hier interessierenden göttlichen Randzeile *jw.tj m ḥtp* und der zu ihr gehörenden königlichen Randzeile *jw.n.j ḫr.k*. Die göttliche Randzeile läßt sich danach deutlich in drei Abschnitte teilen:

1. Begrüßung *jw.tj m ḥtp ...*
2. Entgegennahme des Opfers *šsp.n.j ...*
3. Aktive Reaktion auf das Opfer *rdj.j n.k ...*

Im folgenden interessiert ausschließlich der zweite Abschnitt, also die Worte, die die Gottheit zur Entgegennahme des Opfers spricht. Er beginnt meist mit den Worten *šsp.n.j ...* "Ich habe entgegengenommen ...". Eine genauere Betrachtung dieses Abschnitts zeigt, daß auch ihm wieder eine Dreiteilung zugrunde liegt.

Anhand der Beispiele von der westlichen Außenwand der Tempelumfassungsmauer von Edfu (3. Register, Edfou VII, 135, 6-175, 16) wird dargelegt, wie die drei Teile dieses Abschnittes aufgebaut sind. Es ergibt sich eine Zahl von Bausteinen, die recht frei zu diesem Abschnitt kombiniert werden können. Einen Eindruck von der Vielfalt der Kombinationsmöglichkeiten geben die Beispiele, die dieser Untersuchung zugrunde liegen, und die im Anhang in Umschrift und Übersetzung wiedergegeben sind. Im Haupttext wird jeweils nur mit einer Nummer auf das entsprechende Beispiel im Anhang verwiesen, wenn ein bestimmter Sachverhalt illustriert werden soll.

Der erste Teil des zweiten Abschnittes dieser Randzeile besteht in den meisten Fällen aus der Verbindung *šsp.n.j + Objekt*. Die Objektstelle kann durch Ausdrücke verschiedener Art besetzt werden. Oft ist dabei die Opfergabe maßgebend für die Wahl des Ausdrucks.

In der einfachsten Konstruktion steht an dieser Stelle das Wort, das die Opfergabe im Szenentitel benennt, oder ein Synonym dafür. So steht beim Maatopfer (1)[1] *šsp.n.j M3ᶜt*, beim Heh-Opfer (38) *šsp.n.j ḥḥ* und beim Stoffopfer (24) *šsp.n.j ẖkr*.[2]

In einigen Fällen findet sich an diesem Objekt das Possessivsuffix der 2.P.sg.m., das sich auf den opfernden König bezieht, z.B. beim Schleppen der Meret-Kästen (4) *šsp.n.j g3wwt.k*, beim Weihräuchern (18) *šsp.n.j śnṯr.k*.[3]

Der Gott kann symbolträchtige Opfergaben wie Amulette durch ein Possessivsuffix der 1.P.sg. auf sich selbst beziehen, z.B. das Udjat-Auge (9) *šsp.n.j śbḳt.j*, oder den Falken aus Gold (13, 43) *šsp.n.j śšmw.j*.[4]

Bei Szenen der Feindtötung und solchen, die damit in Zusammenhang stehen, verwendet man üblicherweise ein Wort für "Kraft", oder besser "kraftvolle/tüchtige Tat", z.B. beim Töten des Schlachtstiers (3) *šsp.n.j ḳnt.k*, oder *ṯnr.k* (2), *wśr.k* (25), *ḏnn.k* (17). Am Objekt steht dabei immer das Possessivsuffix der 2.P.sg.m., das auf den König als Ritualisten verweist.

In gleichen Kontexten werden auch allgemeinere Wörter für "Werk, Tat" verwendet, so *r3-ᶜwj.k* (34), *wnwt.k* (16) und *k3t.k* (5, 11, 26, 35).[5] Sie werden immer mit dem Possessivsuffix der 2.P.sg.m. verbunden.

Allgemeinere Wörter gebraucht man auch in anderem Kontext, z.B. *jrw.k* bei einer Wasserlibation (36), beim Spielen der Sistren (15), beim Darbringen des Peseschkef-Gerätes (19) und des Udjat-Auges (21). Einmal findet sich auch das synonyme *km.k* (39), nämlich beim Treiben der Kälber. Es handelt sich, wie bei den Feindtötungsszenen, immer um Szenen, wo der König einen Dienst an der oder für die Gottheit vollbringt. Im Mittelpunkt steht also nicht ein Objekt, sondern eine Tat.[6]

1 Die Zahlen in Klammer verweisen auf die Beispiele im Anhang.
2 Cf. auch die Beispiele 6, 12, 22, 27, 29, 41.
3 Cf. die Beispiele 20, 40 und ev. auch 8. Interessant ist Beispiel 31: In einer Szene "Den Gott sehen" sagt der Gott *šsp.n.j ᶜbw.k*.
4 Cf. Beispiel 10.
5 Von den 43 hier berücksichtigten Szenen gehören sehr viele in den Kontext der Feindtötung.
6 Man beachte besonders die Darbringung des Udjat-Auges in Beispiel 9 und 21. Im ersten Beispiel bezieht der Gott das Auge auf sich selbst, nennt es "mein glänzendes Auge", im zweiten Beispiel nimmt er den Dienst des Königs entgegen, nämlich das Füllen des Auges.

Auch hier gehört das Possessivsuffix der 2.P.sg.m. an das Objekt.

In Speise- und Weinopferszenen verwendet man gerne *jḫt.j*, also "die Opfergabe für mich" (28, 30, 33, 42). In nur einem Beispiel steht *jḫt.k* (14).

Winter hält bei seiner Besprechung dieser Randzeile fest, daß gelegentlich statt *šsp* ein anderes Verbum erscheint.[7] So steht beim Darbringen der Abendbarke *tjś* (23), beim Vorführen gebundener Wüstentiere *dgj* (32). Bemerkenswert ist, daß diese Verben nicht in der *śḏm.n.f*-, sondern in der *śḏm.f*-Form stehen.[8]

Variantenreicher gestaltet sich der zweite Teil des Abschnittes. Die erste Konstruktion, die sich in den Beispielen der westlichen Außenmauer findet, ist *śḏm.n.j* + *Objekt*. Das Verbum, das hier mit Vorliebe verwendet wird, ist *m33* "sehen" (2, 3, 4, 5, 7). Zweimal findet sich *ẖnm* "sich vereinen" (1, 6) und einmal *rdj* "geben" (8). Das Objekt an zweiter Stelle ist im Prinzip gleich gestaltet wie im ersten Teil des Abschnitts, man vergleiche dazu die Ausführungen oben.[9] In einem Fall ist die Konstruktion noch durch einen adverbiellen Ausdruck erweitert (8).[10]

Häufiger belegt ist die zweite Konstruktion, *śḏm.j* + *jm.* + *Suffix* 3.P.sg./pl. Das Suffix an der Präposition *m* bezieht sich auf die Opfergabe, die als Objekt im ersten Teil des Abschnittes erscheint. Dadurch ist auch der Inhalt dieses zweiten Teils schon weitgehend eingegrenzt: Die Gottheit tut etwas mit der Opfergabe, sie ißt davon, sie vereint sich damit, oder sie freut sich darüber.

Die Konstruktion *śḏm.j* +*Objekt* ist in den Beispielen nur viermal belegt, dreimal mit *m33* "sehen" (16, 17, 26) und einmal mit *śnśn* "riechen" (18). Es fällt auf, daß auch die oben erwähnte Konstruktion *śḏm.n.j* + *Objekt* besonders häufig mit *m33* verwendet wird; die beiden Konstruktionen dürften, unter anderem zeitlichen Aspekt, jeweils dasselbe ausdrücken.[11]

Eine weitere Konstruktion setzt sich zusammen aus *śḏm.j* + *n* + *m33.k*, wobei anstelle von *śḏm* ein Verbum der Bedeutung "jubeln, sich freuen" steht und das Suffix *k* sich auf den König bezieht (20, 21). Nur in einem Beispiel (19) bezieht sich das Suffix *f* an *m33* auf die zuvor genannte Opfergabe.[12]

7 Winter, o.c., 54: "Wobei auch hier im Bedarfsfall, d.h. wenn die Handlung es erfordert, ein anderes Verbum gesetzt werden kann."
8 So auch in dem Beispiel bei Winter, o.c., 54, n.3.
9 Die Beispiele im Anhang sind nach der jeweiligen Konstruktion des zweiten Teils geordnet.
10 Teilweise ergänzt; das Objekt ist dort ein abhängiges Pronomen. Cf. auch Beispiel 22.
11 Auf den in den Göttinger Miszellen geführten Disput über die Funktion von *śḏm.n.f* in den Edfu-Texten sei hier nur kurz verwiesen, cf. den letzten Artikel von Kurth, in: GM 113 (im Druck), dessen Darlegungen ich mich anschließen möchte. Cf. auch die Übersetzung der Beispiele im Anhang.
12 Cf. auch die Sonderfälle 23 und 24; zu Beispiel 22 cf. Beispiel 8.

Gar nicht selten sind die Fälle, in denen der zweite Teil nicht ein selbständiger Satz ist, sondern sich attributiv auf das im ersten Teil genannte Objekt bezieht. Dadurch entsteht der Eindruck, der zweite Abschnitt der Randzeile sei nur zweiteilig. Folgende Kombinationen von Formen werden in den Beispielen attributiv verwendet:

- *śḏm.n.k* -Relativform + indir. Objekt (28-33, 37)
- *śḏm.k*-Relativform + indir. Objekt (34-36)
- adv. Nominalsatz (38)
- indir. Genitivattribut (39)
- Demonstrativpron. + Partizip (40)
- Demonstrativpron. + präp. Ausdruck (41)
- Partizip + präp. Ausdruck (42)
- *ntj* + präp. Ausdruck (43)

Im dritten Teil des zweiten Abschnittes schließlich finden sich folgende verschiedene Konstruktionen, wobei nur die klaren Beispiele berücksichtigt werden. Dennoch sei nicht verschwiegen, daß manche Erscheinungen auch bei den gut erhaltenen und verständlichen Beispielen sich nicht ohne Probleme systematisieren lassen. Mir scheint, daß insbesondere diesem dritten Teil ein bestimmter Rhythmus zugrundeliegt. So läßt sich m.E. in fast allen Beispielen eine Dreiteilung vornehmen, wobei die zweite und dritte Einheit sich enger zusammenschließen als die erste und die beiden folgenden; durch diese Dreiteilung entsteht ein "schwerer Schluß". Diese zugegebenermaßen recht vagen Bemerkungen mögen genügen, um die folgende Analyse zu verstehen. Eine metrische Untersuchung kann hier nicht vorgenommen werden, dafür ist die Materialbasis viel zu schmal.

Die erste Konstruktionsmöglichkeit ist *śḏm.j + (ḥr+ Inf.) + Objekt*. Sie ist belegt in Beispiel 1, 15, 18, 20 und 43. Am Objekt findet sich meist ein Possessivsuffix; gleichwertig ist dabei wohl der direkte Genitiv in Beispiel 1.

Eine weitere Konstruktion ist *śḏm.j + (ḥr+śḏm.k) + Objekt*. Sie ist belegt in Beispiel 3, 7, 26 (ergänzt) und 35.

In Beispiel 12, 21 und 23 besteht der dritte Teil des Abschnittes aus *śḏm.j + Objekt + (Präp. + Nomen)*. Dazu kann man sicher auch Beispiel 4 rechnen, wo nach *ḥr* statt eines Nomens eine äquivalente *śḏm.n.f* -Relativform steht. Auch Beispiel 6 dürfte hier angeschlossen werden.

Den Beispielen 2, 29 und 30 liegt die Konstruktion *śḏm.j + śḏm.j + (Präp. + Suffix)* zugrunde.

Interessant ist auch der Einzelfall Beispiel 10, wo auf ein *ḥᶜj.j* der Umstandsatz *s3w.n.f ḥm.j* folgt.

Zu einer Gruppe zusammenfassen lassen sich m.E. die Beispiele 5, 19, 39, 40 und 41. Auf ein *śḏm.j* am Anfang folgt die *Präp. m+Nomen/Suffix* ; daran schließt sich als drittes Element ein *Adverb* an (19), oder eine adverbiell zu verstehende Verbindung von *Präp.+Nomen* (40, 41), oder ein *Attribut* zum Nomen im zweiten Element (39, 5).

Bei Beispiel 28 und 14 (ergänzt) folgt auf ein *śḏm.j* die Partikel *jrf* als zweites Element und eine adverbielle Verbindung von *Präp.* + *Nomen* + *Genitivattribut/Possessivsuffix* als drittes Element.

Bemerkenswert sind die Fälle, bei denen das Subjekt zu *śḏm* am Anfang nominal ist. Mir scheint, daß ihm so große Bedeutung zukommt, daß es ein eigenes, selbständiges Element darstellt, im Gegensatz zu den pronominalen Subjekten, die sich als Suffixe an *śḏm* anschließen. So kann man m.E. die Beispiele 16, 31, 34 und 36 in einer Gruppe vereinen. Sie sind nach dem Muster *śḏm* + *nom. Subjekt* + *(Präp.* + *Nomen)* aufgebaut. In Beispiel 34 und 31 schließt sich an das letzte Nomen noch ein direktes Genitivattribut an, in Beispiel 16 ein Possessivsuffix.

An die zuerst genannte Konstruktion läßt sich die Variante *śḏm.j* + *Präp.* + *Nomen* + *Präp.* + *Nomen* anknüpfen. Sie unterscheidet sich von der ersten Konstruktion nur darin, daß als letztes Element statt eines Objektes die Verbindung Präp. + Nomen steht. Sie ist belegt in Beispiel 17, 32 und 33. Anstelle des Nomens im zweiten Element steht in Beispiel 33 ein Infinitiv, in 32 eine *śḏm.n.f*-Relativform.

Vier Beispiele setzen sich nicht aus drei, sondern aus vier Elementen zusammen, von denen zudem je zwei gleich sind. *śḏm.j* + *Objekt* + *śḏm.j* + *Objekt* ist das bei Beispiel 9 und 11 verwendete Muster, *śḏm* + *nom. Subjekt* + *śḏm* + *nom. Subjekt* das bei Beispiel 8 und 42 verwendete.

Schließlich gibt es noch zwei Sonderfälle. In Beispiel 24 findet sich nicht ein selbständiger Satz, sondern die sich an den zweiten Teil anschließende Folge von Attribut und adverbiellen Ausdrücken *nfr r mnḫ m k3t rḫtj*. In Beispiel 13 steht der adv. Nominalsatz *ᶜwj nw wšrt m s3.j*. Bei beiden Beispielen läßt sich mühelos eine Teilung in drei Elemente vornehmen.[13]

Ein Wort noch zum Verhältnis der drei Teile des zweiten Abschnitts zueinander: Oft handelt es sich um drei selbständige Sätze, die in zeitlicher Abfolge drei Handlungen oder Äußerungen der Gottheit wiedergeben. Je nach Formung ist manchmal der erste und zweite Teil enger verknüpft, manchmal der zweite und dritte. Von der Vielfalt der Möglichkeiten möge man sich anhand der Beispiele im Anhang selbst einen Eindruck verschaffen.

13 Dem Leser wird nicht entgangen sein, daß sich bei der Analyse v.a. des letzten Teils formale (Wortart) und funktionale (Satzteil) Kategorien bei der Beschreibung nur schwer trennen lassen. Mir scheint, daß sich mit einem Regelsystem in der Art von Fechts "metrischen Regeln" der Aufbau der ganzen Randzeile noch genauer fassen ließe.

Die Analyse der Beispiele läßt sich tabellarisch folgendermaßen zusammenfassen:

ERSTER TEIL

-	*šsp.n.j*	+ nom. Objekt + (Possessivsuffix 1.P.sg./2.P.sg.m.)
-	*śḏm.j*	+ nom. Objekt
		+ Präp. + Nomen

ZWEITER TEIL

-	*śḏm.n.j*	+ nom. Objekt
		+ pron. Objekt + Präp. + Nomen
-	*śḏm.j*	+ *jm.* + Suffix 3.P.sg./pl.
		+ nom. Objekt
		+ *n m33.* + Suffix 2.P.sg.m./3.P.sg.m.
-	Attribut/attr. Ausdruck (cf. die Zusammenstellung oben)	

DRITTER TEIL

-	*śḏm.j*	+ *ḥr* +Inf.	+ nom. Objekt + (Poss. suffix) (Gen. attribut)
		+ *ḥr* +Nomen/Inf. +Relativform	+ Präp.+Nomen
		+ *ḥr śḏm.k*	+ nom. Objekt
		+ nom. Objekt	+ Präp.+Nomen/Rel.form
		+ *śḏm.j*	+ Präp.+Suffix
		+ *śḏm.n.f*	+ nom. Objekt
		+ *(j)m*+Nomen/Suffix	+ Präp.+Nomen Adverb dir. Genitiv-Attr./attr. Partizip
-	*śḏm*	+ nom. Subjekt	+ Präp.+Nomen + (Poss.suffix) (dir. Gen.attribut)

- *śḏm* + nom. Subjekt + *śḏm* + nom. Subjekt
- *śḏm.j* + nom. Objekt + *śḏm.j* + nom. Objekt

- nom. Subjekt + ind. Gen.attribut + Präp.+Nomen (Prädikat) Beispiel 13
- attr. Partizip + Präp.+Inf. (adv.) + Präp.+Nomen (adv.) Beispiel 24

Eine Durchsicht der Belege für die Randzeile *jw.tj m ḥtp* vom Pylon ergab, daß auch hier der zweite Abschnitt gleich aufgebaut ist wie bei den Beispielen der westlichen Umfassungsmauer. Bemerkenswert ist eine Abweichung: In den Szenen der Südseite beider Pylontürme (3. Register) und der Szene von der Ostseite des Ostturms und der Westseite des Westturms (je 4. Register) steht *šsp.j* statt *šsp.n.j*.[14] In den Szenen des Tores (5. Register) und denen der Nordseite beider Türme (3. Register) jedoch steht *šsp.n.j*.[15] Man hat dabei wohl mit verschiedenen Redakteuren zu rechnen.

Stichproben in den anderen Bänden der Edfu-Publikation von Chassinat haben gezeigt, daß bei allen nach dem Idealschema gebauten Randzeilen dieser Art die gleiche Dreiteilung zu beobachten ist, und daß die wesentlichen "Bausteine", durch die Analyse der Beispiele von der westlichen Umfassungsmauer außen, in der Zusammenstellung oben schon erscheinen.

Winter, Tempelreliefs, führt als Schema 4 eine Randzeile auf, die nach dem einleitenden Vermerk *ḏd mdw* mit *šsp.n.j* o.ä. beginnt. Sie ist unter Ptolemaios IV. Philopator in fünf Räumen des Tempels von Edfu verwendet worden.[16]

Die Durchsicht der Belege hat ergeben, daß auch der erste Abschnitt dieser Randzeile nach dem gleichen Schema formuliert wurde. Zwei Beispiele mögen das illustrieren:

Edfou II, 62, 9/10	Natron streuen
šsp.n.j ᶜbw.k	"Ich habe deine Reinigung angenommen,
m33.n.j twr.k	ich habe deine Reinheit gesehen,
tfn.j ḥr nṯrj.k 3ḫt.j	und ich freue mich, weil du meinen Horizont (Tempel) reinigst."

Edfou II, 63, 5	Den Tempel übergeben
šsp.n.j pr.j	"Ich habe mein Haus angenommen,
ᶜḥm.n.j ḥt-nṯr.j	ich habe meinen Tempel betreten,
śnḏm.j ḥr bḫdw m śt-wrt	und nun lasse ich mich nieder auf dem Thron im Allerheiligsten."

14 S.Edfou VIII, 84, 15/16; 92, 3; 124, 16/17; 132, 5/6. Die Belege mit Suffix der 1.P.pl. sind nicht aussagekräftig, da in diesen Fällen meist nur *šsp.n* steht; s. auch Edfou VIII, 58, 3/4.

15 S. Edfou VIII, 13, 8/9; 22, 6/7; 30, 6/7; 38, 4/5; 48, 15/16; 58, 3/4; 66, 11/12; 103, 17; 104, 14/15; 105, 8/9; 106, 5/6; 141, 4/5; 143, 1/2; 143, 13; 144, 8/9.

16 Cf. die Zusammenstellung bei Winter, o.c., 40.

Diese Randzeilen können damit durchaus als Vorläufer (eines bzw. zweier Abschnitte) der Randzeile *jw.tj m ḥtp* aus dem Idealschema angesehen werden.[17]

Bisher habe ich nur Beispiele aus Edfu aufgeführt und analysiert. Das Schema des zweiten Abschnittes der *jw.tj m ḥtp*-Randzeile, das ich oben aufgezeigt habe, läßt sich aber auch mit Beispielen aus dem Hathortempel von Dendara belegen. Fünf Beispiele zum Schluß mögen dies bezeugen:

Dendara I, 25, 10	Bier darbringen
šsp.n.j ḏśrw *wn m* ^{c}*wj.k* *3wj jb.j jm r*^{c}*-nb*	"Ich habe das Bier angenommen, das auf deinen Armen ist, und ich freue mich täglich darüber."
Dendara I, 50, 8	Reinigen mit vier Nemset-Krügen
šsp.n.j śrf *nw śrnpj snn.j* *ḥsmn.j ḥ*^{c}*.j m nwj*	"Ich habe entgegengenommen das Wasser zur Verjüngung meiner Gestalt, und ich reinige meinen Leib mit der Wasserflut."
Dendara III, 18, 13/14	Ein Speiseopfer darbringen
šsp.n.j špśw *jnj.n.k n.j* *ḥ*^{c}*j jb.j jm.śn*	"Ich habe die herrlichen Speisen entgegengenommen, die du mir gebracht hast, und mein Herz freut sich darüber."
Dendara III, 28, 16/17	Anch, Djed und Was darbringen
šsp.n.j ^{c}*nḫ* *ḏdj.j m ḏd* *wśr.j m w3ś r-ḫt.śn*	"Ich habe das Anch-Symbol entgegengenommen, Ich dauere durch das Djed-Symbol, und ich bin stark durch das Was-Symbol, das bei ihnen ist."

17 Winter, o.c., 53 erwähnt nur Schema 5 unter Ptol. IV. in Edfu als Vorläufer. Die spätere Randzeile konnte jedoch nur aus der Verbindung von Schema 4 und 5 entstehen.

Dendara III, 84, 5/6 Das Udjat-Auge darbringen

šsp.n.j wḏ3t	"Ich habe das Udjat-Auge entgegengenommen,
wḏ3.tj m ḏt.ś	das heil ist in seiner Gestalt,
jpj.tj ḏb3.tj m r3w.ś	das geordnet ist und versehen mit seinen Bestandteilen."

Der zweite Abschnitt ist also auch hier in 2 + 2 + 3 "Hebungen" gegliedert. Die Analyse der recht streng strukturierten Randzeilen könnte vielleicht die Grundlage bilden für eine Erforschung der metrischen Gliederung ptolemäischer Tempeltexte. Diese Erforschung wird, wie mir scheint, nicht zuletzt G. Fecht und seinen Untersuchungen verpflichtet sein.

1. 138, 12/13
"Ich habe Maat entgegengenommen,
ich habe mich mit meiner Schwester vereint,
und ich freue mich über die Tochter des Re."

2. 143, 5/6
"Ich habe deine kraftvolle Tat angenommen,
ich habe dein Opferfleisch gesehen,
und nun esse ich und bin da[mit] zufrieden."[1]

3. 148, 15/16
"Ich habe deine tüchtige Tat angenommen,
ich habe deine Macht gesehen,
und ich freue mich, weil du die Feinde niedermetzelst."

4. 154, 8/9
"Ich habe deine Kästen entgegengenommen,
ich habe deine Gewänder gesehen,
und <ich>[2] lobe deine Majestät für das, was du getan hast."

5. 169, 7/8
"Ich habe deine Tat angenommen,
ich habe deinen Sieg gesehen,
und ich freue mich über deinen[?] Tag des Zusammentreffens (im Kampf)."

6. 171, 8/9
"Ich habe die Stirnschlange entgegengenommen,
ich habe mich mit der Umringlerschlange vereint,
und (so) vereinige ich die beiden Länder [auf] einmal."

7. 160, 3/4
"Ich habe dein [.]..[3] angenommen,
ich habe deine Stärke gesehen,
und ich freue mich, weil du die Feinde niedermetzelst."

8. 137, 1/2
"[Ich habe deinen[?]] Halsschmuck entgegengenommen,
ich habe ihn [an] meinen Hals. gelegt,
und nun freut sich mein Herz, und mein Gesicht leuchtet."

1 Für diese Übersetzung spricht u.a. Beispiel 42. Cf. aber auch Wb III, 188, 7, wonach auch "ich befriedige mich daran/verzehre sie" übersetzt werden könnte.
2 Ergänzt nach Edfou V, 183, 12/13.
3 Ergänze ein Wort für "kraftvolle Tat; Dienst".

1. 138, 12/13 Maat darbringen
šsp.n.j M3ꜥt
ẖnm.n.j śnt.j
ḫntš.j ḥr m33 s3t Rꜥ

2. 143, 5/6 Gegrilltes Fleisch darbringen
šsp.n.j ṯnr.k
m33.n.j ḥ3t.k
ḥ[s]mn.j ḥtp.j [ḥr].śn

3. 148, 15/16 Den Schlachtstier töten
šsp.n.j ḳn(t).k
m33.n.j śḫm.k
ꜥ̣j.j ḥr ꜥḏ.k ḫftjw

4. 154, 8/9 Die Meret-Kästen herbeischleppen
šsp.n.j g3ww(t).k
m33.n.j mnḫwt.k
ḥsj<j>ḥm.k ḥr jrj(t).n.k

5. 169, 7/8 Auf das Nilpferd schießen
šsp.n.j k3t.k
m33.n.j nḫt.k
ršw.j m hrw.k? dmḏ

6. 171, 8/9 Die beiden Diademe darbringen
šsp.n.j ḥrjt-tp
ẖnm.n.j mḥnjt
sm3.j t3wj dmḏ [m] sp

7. 160, 3/4 Die Schildkröte töten
šsp.n.j [...] mt.k
m33.n.j nḫt.k
mśḫ3.j ḥr mdś.k śbjw

8. 137, 1/2 Eine Troddel darreichen
šsp.[n.j] jr(t)-ḫḫ.[k?]
rdj.n.j ś(j) [r] ḫḫ.j
tfn jb.j ṯḥn ḥr.j

9. 140, 7

"Ich habe mein leuchte[ndes] Auge entgegengenommen,
ich schaue damit,
und ich töte Tjenu-a (Seth)[4] und zerfleische den Bösen (Seth)."

10. 141, 5/6[5]

"Ich habe mein Bild entgegengenommen,
ich vereine mich mit ihm,
und ich juble, nachdem es begonnen hat, mir Schutz zu gewähren."

11. 144, 7

"Ich habe dein Werk angenommen,
ich freue mich darüber,
und nun töte ich die [Fe]inde und erschieße die Widersacher."

12. 145, 5/6

"Ich [habe] die Kronen entgegengenommen,
ich erscheine damit,
und ich erhelle <alle>[6] Länder mit meinen Strahlen."

13. 147, 3/4[7]

"Ich habe mein Bild (Falke aus Gold) entgegengenommen,
und ich vereine mich mit ihm,
während die Arme der Stark[en] (Isis) mich schützen."

14. 151, 8/9

"Ich habe deine[8] Gaben entgegengenommen,
ich esse davon,
und [ich] tr[inke?][9] von deinem Wein."

4 Cf. De Wit, in: CdE 29 (1954), 40, n. 140.
5 Nach Gutbub, in: KEMI 16 (1962), 73 handelt es sich bei dieser Opfergabe um ein Amulett in Form eines geflügelten Skarabäen.
6 Nach Photo 464 des Edfu-Projektes ist hier zu lesen.
7 Dargereicht wird ein Falke (aus Gold) und eine Figur der Isis.
8 Nach Photo 445 des Edfu-Projektes eindeutig .
9 Wohl so zu ergänzen, cf. Edfou VII, 142, 5.
10 Cf. Edfou VII, 155, 10; danach fehlt nur ein Determinativ.

9. 140, 7 Das Udjat-Auge darreichen

šsp.n.j śb[ḳt].j
dgj.j jm.ś
dn.j ṯnw-ʿ npḏ.j nbḏ

10. 141, 5/6 Ein Anch-merer-Amulett umbinden

šsp.n.j bs.j
śnśn.j jm.f
ḥʿj.j s3w.n.f ḥm.j

11. 144, 7

šsp.n.j k3t.k
ḫntš.j jm.ś
ḥnṯj.j [r]ḳww śtj.j śbjw

12. 145, 5/6 Die Krone aufsetzen

šsp.[n].j ḫʿw
śḫʿj.j jm.śn
śḥḏ.j t3wj <nbw> m śtwt.j

13. 147, 3/4 Amulette darbringen

šsp.n.j śšmw.j
śnśn.j jm.f
ʿwj n(w) wśr[t] m s3.j

14. 151, 8/9 Allerlei gute Dinge (Speisen) darbringen

šsp.n.j jḫt.k
sm3.j jḫt jm.śn
ś[ʿm?.j] jrf m jnmt.k

15. 174, 15/16

"Ich habe deinen Dienst angenommen,
ich freue mich darüber,
und ich juble, wenn ich deine Lobpreisungen[10] höre."

16. 152, 10/11

"Ich habe deinen Dienst angenommen,
ich sehe deine Kraft,
und mein Gesicht [f]reut sich über deinen Anblick."

17. 157, 10/11

"Ich habe deine kämpferische Tat[11] angenommen,
ich sehe deine Kraft,
und ich freue mich über das Werk, das du für mich getan hast."

18. 172, 5

"Ich habe deinen[12] Weihrauch angenommen,
ich rieche seinen Duft,
und ich freue mich, seinen Geruch einzuatmen."

19. 153, 9

"Ich habe dein Tun angenommen,
ich freue mich, es zu sehen,
und so setze ich mich (zum Essen) in [Muß]e [13], Tag für Tag."

20. 155, 9/10

"Ich habe deine Lobpreisungen angenommen,
ich freue mich, dich zu sehen,
und ich juble, da ich deine Verehrungen [hö]re."

21. 163, 18-164, 1

"Ich habe deinen Dienst angenommen,
ich freue mich, dich zu sehen,
und ich erhelle[14] die beiden Länder(?) mit (meinen) Augen."

10 Cf. Edfou VII, 155, 10; danach fehlt nur ein Determinativ.
11 Als Nomen nicht im Wb, cf. aber das Verbum Wb V, 577, 2 f.
12 Nach Photo 395 des Edfu-Projektes deutlich  .
13 Cf. Edfou VII, 67, 15; Cauville, Osiris, 160, n. 2.
14 Ergänze [▪ •] o.ä.

15. 174, 15/16 Die Sistren spielen
šsp.n.j jrw.k
ḫntš.j jm.f
mśḫ3.j ḥr ndb śnśw.k

16. 152, 10/11
šsp.n.j wnwt.k
m33.j ṯm3-^{c}*.k*
[wn]f ḥr.j n m33.k

17. 157, 10/11 Apophis töten
šsp.n.j ḏnn.k
m33.j ṯm3-^{c}*.k*
ḫntš.j ḥr k3t jrj(t).n.k n.j

18. 172, 5 Weihräuchern
šsp.n.j śnṯr.k
śnśn.j śṯj.f
ḫntš.j ḥr ^{c}*ḏ ḫnmw.f*

19. 153, 9 Das Peseschkef-Gerät darbringen
šsp.n.j jrw.k
ḫntš.j n m33.f
ḥmsj.j m [wḥ]^{c} *r*^{c}*-nb*

20. 155, 9/10 Den Gott anbeten
šsp.n.j dw3w(t).k
tfn.j n m33.k
ršw.j ḥr [nd]b śnśw.k

21. 163, 18-164,1 Das Udjat-Auge darbringen
šsp.n.j jrw.k
ḫntš.j n m33.k
śšp.j t3wj$^{(?)}$ *m 3ḫtj*

22. 165, 14
"Ich habe die rote Krone entgegengenommen,
ich setze sie auf meinen Scheitel,
und ich nehme sie (wieder) von meinem [Haupt?], um sie auf dein Haupt (zu setzen)."

23. 175, 14/15
"<Ich>[15] lasse mich in der Barke nieder,
ich fahre damit zum Westberg,
und ich töte Seftech in Jak."[16]

24. 158, 15-159,1
"Ich habe die schmückenden Gewänder entgegengenommen,
und ich kleide meine Majestät mit ihnen,
die überaus vollkommen sind als Werk der beiden Weberinnen."[17]

25. 149, 14/15
"Ich habe dein machtvolles Tun angenommen,
ich freue mich darüber,
und ich [juble?][18], (weil?) du für mich die Feinde [schlägst?]."[19]

26. 168, 10
"Ich habe deine Tat angenommen,
[ich] sehe deine Stärke,
[und ich juble?], weil du die Widersacher schlägst."

27. 174, 1/2
"Ich habe die Sar-Pflanze entgegengenommen,
ich [freue? mich] darüber,
und ich verjünge mich durch(?) den Papyrus?? von deiner Majestät."

28. 142, 4/5
"Ich habe die Gabe für mich entgegengenommen,
die du mir gebracht hast,
und nun trinke ich von meinem Lieblingsgetränk."[20]

15 Nach Photo 386 des Edfu-Projektes steht im Stein noch .
16 Zum Beinamen *sfth̠* von Apophis bzw. Seth cf. Borghouts, in: JEA 59 (1973), 130. n. 6. Zur Stätte J̌ak s. Yoyotte, in: RdE 30 (1978), 147 ff.
17 D.h. Isis und Nephthys; zur Lesung cf. Fairman, in: ASAE 44 (1944), 263 ff.
18 Nach den Resten wohl .
19 Wahrscheinlich ; davor ist vielleicht *ḥr* ausgefallen.
20 Wörtlich "Sache meines Herzens".

22. 165, 14 Die rote Krone darreichen
šsp.n.j ḥpt
(r)dj.j ś(j) ḥr wpt.j
śfḫ.j śj m [tp$^{?}$].j r ṭp.k

23. 175, 14/15 Die Abendbarke darbringen
tjś.<j> ḥr wj3
ḏ3j.j jm.f r m3nw
sfṯ.j sftḫ jmj-wtj J3k

24. 158, 15-159, 1 Stoff darbringen
šsp.n.j ẖkr
šṯ.j ḥm.j jm.śn
nfr r mnḫ m k3t rḫtj

25. 149, 14/15 Das Nilpferd töten
šsp.n.j wśr.k
mśḫ3.j jm.f
[ḥꜥj$^{?}$].j (ḥr$^{?}$) [ḥwj$^{?}$].k n.j śbjw

26. 168, 10 Nehes (Seth) erstechen
šsp.n.j k3t.k
m33.[j] ṯm3-ꜥ.k
[...j] ḥr ḥwj.k ḫftjw

27. 174, 1/2 Papyrus und Hen-Pflanze darbringen
šsp.n.j śꜥr
[ḥꜥj$^{?}$].j jm.f
rnpj.j m$^{(?)}$ mḥjt$^{??}$ ḥm.k

28. 142, 4/5 Wein darbringen
šsp.n.j jḫt.j
jnj(t).n.k n.j
śꜥm.j jrf m jḫt jb.j

29. 148, 1/2
"Ich habe den Kranz entgegengenommen,
den du mir gebracht hast,
und ich freue mich und juble über [ihn]."[21]

30. 170, 8/9
"Ich habe die Gabe für mich entgegengenommen,
die du mir gebracht hast,
und nun esse[22] ich und bin zufrieden damit."[23]

31. 137, 15-198, 1
"Ich habe deine Reinigung angenommen,
Die du für meinen Ka vollzogen hast,
und mein Herz freut sich über den Anblick deiner Majestät."

32. 164, 14
"Ich sehe,
wie du jene Feinde gefesselt hast,[24]
und ich freue mich über das, was du mir gebracht hast."

33. 146, 3/4
"[Ich habe] die Gabe für mich entgegengenommen,
die du meinem Ka dargebracht hast,
und ich freue mich, wenn (ich davon) esse."

34. 150, 13/14
"Ich [habe] deine Tat [angenommen],
die dein Ka (im Augenblick) für meine Majestät vollbringt,
und mein Herz [f]reut sich, dein Gesicht zu sehen."

35. 162, 3/4
"Ich habe dein Tun angenommen,
das deine Majestät für meinen Ka ausführt,
und ich juble, weil du die Feinde schlägst."

21 Im folgenden ist *rdj.j n.<k>...* zu lesen; Chassinat hat den Henkel des Korbes zu \\ verlesen.
22 *jr ẖrt* ist analog zu *jr jḫt* gebildet, zu letzterem s. Fairman, in: ZÄS 91 (1964), 6, n. 2; cf. auch Edfou VII, 128, 8.
23 Cf. oben n. 1.
24 Wörtlich "das Fesseln, das du gemacht hast ...".

29. 148, 1/2 Einen Halskragen umbinden

šsp.n.j m3ḥ
jnj.n.k n.j
ḥcj.j ḥkn.j jm.[f]

30. 170, 8/9 Feigen mit Honig herbeibringen, Wein darbringen

šsp.n.j jḫt.j
jnj(t).n.k n.j
jr.j ẖrt ḥtp.j ḥr.śn

31. 137, 15- 138,1 Den Gott sehen

šsp.n.j cbw.k
jrj.n.k n k3.j
3wj jb.j n m33 ḥm.k

32. 164, 14 Kleinvieh der Wüste herbeiführen

dgj.j nṯt
jrj.n.k n nf śbjw
mśḫ3.j ḥr jnj(t).n.k n.j

33. 146, 3/4 Zwei Gänse und zwei Opferbrote herbeibringen

šsp.[n.j] jḫt.j
ḥnk(t).n.k n k3.j
ḥcj.j ḥr rd(t) m ẖt

34. 150, 13/14 Den Feind töten

[šsp.n.]j r3-cwj.k
jrj k3.k n ḥm.j
[t]fn jb.j n m33 ḥr.k

35. 162, 3/4 Die Asiaten niedermetzeln

šsp.n.j k3t.k
jrj(t) ḥm.k n k3.j
ḥcj.j ḥr ḥwj.k ḫrwjw

36. 166, 13/14
"Ich habe deinen Dienst angenommen,
den deine Majestät für meinen Ka vollzieht,
und meine Glieder sind zufrieden[25] durch die kühle Wasserspende."

37. 136, 5/6
["Ich habe das Hetes-Symbol?] entgegengenommen,
das du meiner Majestät dargereicht hast,
und mein Herz freut sich, weil ich dein Gesicht(?)[26] sehe."

38. 139, 9/10
"Ich habe das Heh-Symbol entgegengenommen,
an dem Leben, Dauer und Kraft sind,
und nun preisen mich?[27] die Lebenden im (ganzen) Kreis der Sonne."

39. 156, 11/12
"[Ich habe] deinen Dienst angenommen,
mit dem du die geheime Gestalt verbirgst,[28]
und ich freue mich über dein richtig ausgeführtes Tun."

40. 161, 6/7
"Ich habe entgegengenommen
dieses dein großes Speiseopfer,
und ich lasse mich nieder, um in Muße von deinen Speisen (zu essen)."

41. 163, 1/2
"[Ich habe die]se Lotusblüte entgegengenommen
aus deiner Hand,
und ich erscheine in ihr wie [in] Urzeiten."[29]

42. 167, 12/13
"Ich habe die Gaben für mich entgegengenommen,
die auf deinen Armen sind,
und meine Majestät trinkt, und mein Herz jubelt."

25 Wörtlich "sind kühl".
26 Ev. ist statt *ḥr* *ḥm* "Majestät" zu lesen.
27 Ob so richtig? Das Objektspronomen *tw.k* (2. P. sg. m.) ist sehr gut belegt (cf. schon Wb V, 246, 8); für das entsprechende Pronomen der 1. P. sg. kenne ich jedoch keinen weiteren Beleg aus ptol. Texten. Die hier vorliegende Schreibung entspricht der demotischen Form, cf. Spiegelberg, Dem. Grammatik § 258 und Erichsen, Glossar, 596.
28 Wörtlich "Dienst des Verbergens der geheimen Gestalt"; gemeint ist Osiris, z.B. als Saatgut, cf. Kurth, in: LÄ VI, 749 ff.
29 Zu *ẖr* *ḥ3t* in dieser Bedeutung cf. Wb III, 23, 16 ff.

36. 166, 13/14 Eine Libation darbringen

šsp.n.j jrw.k
jrj ḥm.k n k3.j
ḳb ḥꜥ.j m ḳbḥw

37. 136, 5/6 Ein Hetes-Symbol darbringen

šsp.[n.j ḥtś?]
rdj.n.k n ḥm.j
3wj jb.j ḥr m33.j ḥr(?).k

38. 139, 9/10 Ein Heh-Symbol mit Leben, Dauer und Kraft darbringen

šsp.n.j ḥḥ
ꜥnḫ ḏd w3ś ḥr.f
dw3 ṯw.(j)? ꜥnḫw r šnw n jtn

39. 156, 11/12 Kälber treiben

šsp.[n.j] km.k
n ḏśr śšt3
ḫntš.j m jrw.k m3ꜥ

40. 161, 6/7 Ein großes Speiseopfer darbringen

šsp.n.j ꜥ3bt.k
tn wrt
ḥmsj.j m wḥꜥ m jḫt.k

41. 163, 1/2 Eine Lotusblüte darbringen

[šsp.n.j] nḫb
[p]n m ꜥ.k
wbn.j jm.f mj [ẖr] ḥ3t

42. 167, 12/13 Wein darbringen

šsp.n.j jẖt.j
wn(t) ḥr ꜥwj.k
śꜥm ḥm.j ḥꜥj jb.j

43. 173, 3

"Ich habe mein Bild (Falke aus Gold) angenommen,
das auf deinen Armen ist,
und ich juble, weil (ich mich) mit seiner Majestät(?)[30] vereine."

30 Zur Lesung *ḥm* cf. Edfou VIII, 105, 9; zum Inhalt, der Vereinigung mit dem Bild *(ḥm.f)* cf. Edfou VII, 129, 13.

43. 173, 3 Einen Falken aus Gold darbringen

šsp.n.j śšmw.j
ntj ḥr ꜥwj.k
ḥꜥj.j ḥr ḥ<p>t ḥm(?)*.f*

HEINZ FELBER

MISCHSCHREIBUNGEN

Die Beschäftigung mit der komplexen Schrift ptolemäischer Tempeltexte erfolgte bisher in erster Linie auf der Ebene der einzelnen Schriftzeichen und ihrer Lautwerte.[1] Selten nur wurden Besonderheiten bei der Schreibung ganzer Wörter, die aus mehreren Zeichen bestehen, genauer untersucht. Dabei war meist der Nebensinn von besonderer Bedeutung, der durch die bewußte Wahl der Zeichen vermittelt werden sollte.[2]

Im folgenden sei eine Besonderheit der Schreibung einiger Wörter vorgestellt, die uns bei der philologischen Bearbeitung der Edfu-Texte aufgefallen ist und die wir in ihren unterschiedlichen Ausgestaltungen unter dem Begriff "Mischschreibungen" zusammengefaßt haben. Es handelt sich dabei um die Vermischung zweier Wörter unterschiedlicher Bedeutung in der Schrift. Basis für diese Vermischung ist fast in allen Fällen das Konsonantengerüst der beiden vermischten Wörter, das identisch sein muß, wobei

- nur starke Konsonanten maßgebend sind[3] und
- die Zeichen  ,  ,  bzw. , , ,  weitgehend unterschiedslos verwendet werden können.[4]

Wie Mischschreibungen zustandekommen sei nun anhand einiger Beispiele dargelegt und beschrieben. Da alle Beispiele aus der Publikation Edfou stammen, wird darauf nur mit Bandnummer, Seiten- und Zeilenzahl verwiesen:

1 Als vorläufige Bilanz der Erforschung der ptolemäischen Schriftzeichen sind folgende wichtigen Arbeiten zu werten: die Zusammenstellung der Lautwerte der Zeichenliste Valeurs phonétiques des signes hiéroglyphiques d'époque gréco-romaine, Montpellier 1988 (bisher zwei Bde.) und die Systematik ihrer Herleitungsprinzipien von Kurth, in: ASAE 69 (1983), 287 ff., mit einem Nachtrag in: GM 103 (1988), 45 ff.

2 Cf. die Untersuchung zu den Götternamen in den Litaneien von Esna in ESNA VIII, einem postum erschienenen Werk von Sauneron; einige Beispiele auch bei Winter, in: Tempel und Kult, ÄA 46, Wiesbaden 1987, 61 ff.

3 Cf. dazu das sogenannte konsonantische Prinzip, Prinzip V bei Kurth, o.c., 298 f.

4 Cf. dazu Prinzip VII bei Kurth, o.c., 301 f.

1. VIII, 24, 10/11: *"... damit er dir die Überschwemmung bringe, die das Feld befruchtet und alle Äcker insgesamt schwängert (bk3*  *)."*
   Mischung mit *b3ḳ "erglänzen (lassen)"*

2. VIII, 50, 8/9: *"... damit /er/ dir das Feld bringe, das schwanger ist (bk3.tj*  *)[5] zu seiner Zeit."*
   Mischung mit *b3ḳ "erglänzen (lassen)"*

3. VIII, 31, 7: *"... damit er dir die /Überschwem/mung bringe, die die Äcker gebären und jedes Feld zu seiner Zeit Frucht hervorbringen läßt (bẖ*  *)."*
   Mischung mit *b3ẖ "Ostberg"*

4. VIII, 108, 2: *"Die Sykomore war schwanger und hat ihre Kinder (Früchte) geboren (bẖ*  *)."*
   Mischung mit *b3ẖ "Ostberg"*

5. VII, 71, 12, in einer Feldopferszene: *"Herr der Äcker (3ḫwt*  *) im ganzen Erdkreis."*
   Mischung mit *3ḫt "Herrliches"*

6. VII, 111, 16/17: *"Es tut deiner Nase wohl, wenn (du) die angenehme Luft riechst (ᶜḏ*  *)."*
   Mischung mit *ᶜḏ "zerstückeln"*

Das Wort in Mischschreibung verfügt bei allen diesen Beispielen über zwei Determinative. In einigen Fällen steht das Determinativ, das zu dem vom Kontext verlangten Wort gehört, nach dem Determinativ, das eigentlich nicht zu diesem Wort gehört, d.h. also an letzter Stelle (Beispiel 1, 2, 3, 6). Das fremde Determinativ könnte teilweise als phonetisches Determinativ verstanden werden. Bei zwei Beispielen jedoch steht das fremde Determinativ an letzter Stelle, nach dem eigentlich zum Wort gehörenden Determinativ (Beispiel 4, 5).

7. VIII, 74, 9: *"... das Wadj-en-bach-Mineral, das der Ausfluß deiner beiden großartigen Augen hervorbringt (bẖ*  *)."*
   Mischung mit *b3ẖ "Ostberg"*

8. VIII, 106, 10: *"Der prächtige Api leuchtet im Ostberg (b3ẖ*  *) ..."*
   Mischung mit *bẖ "gebären"*

5 Das zusätzliche steht entweder in Verbindung mit der PSP-Endung, oder ist als vokalischer Auslaut des Stammes zu interpretieren.

9. VIII, 56, 10: *"Goldhorus: groß an Kraft, der die beiden Länder siegreich erobert hat, dem Ober- und Unterägypten dienstbar sind (b3k).*"
Mischung mit *b3ḳ "erglänzen (lassen)"*

10. VIII, 66,9: *"Ich gebe dir, ...daß die, welche Böses gegen dich planen (w3w3), nicht (mehr) existieren."*
Mischung mit *w3j* (Nebenform *w3w3*) *"fern sein"*

11. VIII, 98, 2/3: *"Ich gebe dir, ...daß alle Fremdländer deiner Majestät (ḥm) ergeben sind."*
Mischung mit *ḥm "Diener"*

12. VIII, 130, 5: *"Er ist wie Ptah-Tatenen, ...der seine Arme hebt beim Tragen (k3wt) des Himmels."*
Mischung mit *g3wt "Bündel"*

13. VIII, 120, 13: *"Er ist der Herr der Rechtfertigung, ...der Freude gibt in die betrübten (jnd) Herzen."*
Mischung mit *jntj "zurücktreiben"*

14. VIII, 165, 1: *"Behedeti ist der Starke-oben-am-Dach (Wasserspeierlöwe), der seinen Tempel schützt (ḥn) ..."*
Mischung mit *ḥn "Hen-Pflanze"*

15. VII, 66, 15/16, in einer Speiseopferszene ist der König: *"... der Stier, Herr der Nahrung (ḳrf), der Millionen mit seinen Speisen versorgt..."*
Mischung mit *ḳrf "krümmen"*

Die Wörter in Mischschreibung aus den Beispielen 7-15 haben alle nur ein Determinativ. Es handelt sich dabei nie um das Determinativ, das zum Wort gehört, das nach Kontext verlangt wird. In einigen Beispielen könnte man das vorhandene Determinativ als phonetisches Determinativ erklären, etwa in Beispiel 8, 9, 12 und 14. Es läge dann eine Schreibung ohne (eigentliches) Determinativ vor, was in ptolemäischen Tempeltexten nicht selten ist.[6] Beispiel 7, 11, 13 und 15 lassen sich jedoch in der Weise nicht erklären.

Nachdem nun die beiden wichtigsten Gruppen von Mischschreibungen kurz vorgestellt worden sind, erhebt sich die Frage, ob hinter dieser Vermischung von Wörtern in der Schrift eine Absicht steckt.

6 Cf. zum Beispiel Edfou VIII, 24, 11 *(śjwr)*; 53, 3 *(ḳmjt)*; 80, 2 *(3mm)*; VII, 7,5 *(ᶜḏ)*; 49, 2 *(dw3)*; 214, 15 *(g3w)*, usw.

Wollten die Priester durch solche Schreibungen einen Nebensinn vermitteln, der zwar durch das Bild angeregt wird, nämlich durch die Determinierung, seine Vollendung aber doch auf der lautlichen Ebene findet, nämlich durch den ähnlichen Klang eines meist nicht stammverwandten Wortes?

Bei einigen Beispielen ist das offensichtlich:

- Die Verbindung von *b3ẖ "Ostberg"* mit *bẖ "gebären"* ist einleuchtend, da im Ostberg der morgendliche Sonnengott als Kind zur Welt gebracht wird. Die Schreibung von *bẖ "gebären"* mit Berg- oder Fremdland-Determinativ aber ist nur als Umkehrung zu verstehen und wenig sinnträchtig.

- Die Vermischung von *bk3 "schwanger sein"* und *b3ḳ "erglänzen"* mit Bezug auf den Acker läßt sich auch erklären, da der Frucht tragende Acker gerne mit Verben für *"glänzen"* (z.B. *ṯḥn*) beschrieben wird.[7]

- Beispiel 9, die Vermischung von *b3k* und *b3ḳ* , könnte assoziieren, daß Ober- und Unterägypten dienstbar sein sollen und gleichzeitig wohlbehalten sein und gedeihen sollen, damit sie dem König große Erträge abliefern können.

Bei Beispiel 10 könnte gemeint sein, daß man sich die Verschwörer in weite Fernen wünscht, bei Beispiel 12 könnte das Tragen des Himmels mit dem von Tributen verglichen werden. Damit aber bewegt man sich schon auf dem Boden der Spekulation.
Geradezu widersinnig wäre es aber, Beispiel 6 und 11 einen Nebensinn zu unterstellen, es sei denn, man rechne mit einer argen Boshaftigkeit der Priester. Ebenso wie bei der Frage nach Sinn und Zweck des Schriftsystems ptolemäischer Tempeltexte (auf Zeichenebene), ist auch hier eine "monokausale Betrachtungsweise... sicher fehl am Platze".[8]
Die Schreibungen dürften zum Teil sicher auch als Fehlleistungen gewertet werden, die aus Problemen beim Umgang mit dem komplexen Schriftsystem hervorgegangen sind.
Ein Beispiel sei hier noch angeführt, bei dem die Determinierung mit einem Zeichen, das an sich nicht zum Wort paßt, wohl recht bewußt gewählt worden ist:

16. VIII, 76, 12, in der großen Szene des Niederschlagens der Feinde auf dem Pylon heißt es vom König: *"... der sein Messer (mśnj* 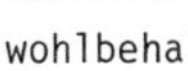 *) in die Feinde stößt, die in seiner Nähe sind..."*

7 Cf. Wb V, 392, 9-11; auch *b3ḳ "wohlbehalten/hell sein"* wird in Zusammenhang mit dem Acker verwendet, Wb I, 425, 9. Oben zu *bẖ* und *b3ẖ* vergleiche man auch die Schreibung von *b3ẖ "Ostberg"* mit einer kalbenden Kuh, Edfou VIII, 95, 14 u. 16.

8 Cf. die Ausführungen von Kurth, o.c., 306 ff.

Vielleicht liegt hier bewußt eine Mischschreibung mit *śn "Bruder"* vor, um darauf hinzuweisen, daß das Messer ein treuer Gefährte des kriegerischen Königs ist.[9] Das Determinativ schließt hier übrigens nur an einen Teil der gesamten Konsonantenfolge von *mśnj* an.

Mischschreibungen können auch auf der Verwendung von speziellen Phonogrammen beruhen. Schon das Wb verzeichnet hierfür einige Beispiele aus dem NR, die sich in entsprechender Weise auch in ptolemäischen Tempeltexten finden lassen. Es handelt sich v.a. um die Verben *w3ḏ "grün sein, gedeihen"*, *wḏ "befehlen, überweisen"* und *wdj "legen, stoßen"*.[10] Mischschreibungen dieser Art seien hier nicht weiter diskutiert. Es soll nur darauf hingewiesen werden, daß das Phänomen Mischschreibungen nicht auf das Ptolemäische beschränkt ist, auch wenn es in unterschiedlicher Gestalt erscheint und außerhalb der Tempeltexte wohl kaum einen Nebensinn vermitteln soll.[11]

Bei allen bisher genannten Beispielen beruht die Mischschreibung auf der Lautung (identische Konsonantenfolge), ob es sich nun um bewußte Vermischung oder Verschreibung handelt. Bei den zwei folgenden Beispielen beruht die Mischschreibung auf der Verwendung gleicher Schriftzeichen, die nicht unbedingt gleich lauten müssen:

17. VIII, 38, 13: *" Du* *(sic)* *bist der König der Götter und Menschen (rmṯw*  *), der Herr der ganzen Erde."*
    Mischung mit *nrw "Schrecken"*, da das Zeichen  sowohl *rmṯ*, als auch *nrw* gelesen werden kann[12]

18. VIII, 124, 17: *"... das ganze (ndb* 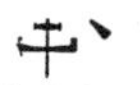 *) Land."*
    Mischung mit *nḏ "schützen"* über das Zeichen , das oft als Kompositzeichen erscheint[13]

Bei diesen Beispielen handelt es sich sicher um bloße Verschreibungen.

Abschließend seien noch einige Beispiele erwähnt, bei denen es sich anscheinend um eine Vermischung von Verb und Nomen des selben Stammes handelt:

9 Ähnliche Schreibungen mit dem gleichen Determinativ auch Edfou VIII, 77, 15 und Philä I, 32, 3; das Messer-Determinativ fehlt jeweils.
10 Wb I, 264; 394; 385. Edfou VIII, 97, 13; 101, 16 *(wḏ* für *wdj)*; VII, 137, 9 *(w3ḏ* für *wḏ* in der Formel *wḏ ʿnḫw*; der Doppelsinn ist hier offensichtlich); zwei Beispiele für absichtliche Mischschreibungen bei *dw3* und *tw3* auch bei Winter, o.c., 65 f. (oben n. 2).
11 Man vergleiche die Beispiele bei F. de Cenival, in: ENCHORIA 16 (1988), 1 ff. und die Schreibung von *pśḏ "Rücken"* bei M. Smith, The Mortuary Texts of Papyrus BM 10507, Catalogue of Demotic Pap. in the BM III, London 1987, 59, line 8(a) für das Demotische.
12 Der Text der ganzen Szene weist sehr viele Schreibfehler auf; königliche und göttliche Randzeile wurden vertauscht.
13 Cf. Fairman, in: BIFAO 43 (1943), 123.

19. VIII, 141, 13: *"du triumphierst" (m3^c-ḫrw.k*)

20. VIII, 165, 15: *"du führst zu" (šsm.k*)

21. VII, 80, 14: *"du herrschst" (ḥḳ3.k*)

Bemerkenswert ist, daß es sich bei allen drei Beispielen um *śḏm.f* -Formen mit Personalsuffix der 2. Sg. masc. handelt. Zieht man nun die folgenden Schreibungen heran

- VIII, 159, 14: *"dein Name" (rn.k* (sic))
- VIII, 4, 14: *"deine Majestät" (ḥm.k* (sic))
- VII, 234, 16 f.: *"dein Herz" (jb.k*)

so liegt es nahe, in den Beispielen 19-21 keine Mischschreibungen zu erkennen, sondern eine besondere Schreibung des Suffixes, die sich aus Phonogramm + Personen-Determinativ zusammensetzt. Das Phonogramm kann dabei vor oder nach dem Determinativ stehen; entscheidend sind wohl meist kalligraphische Gründe. Ein Suffix dieser Art ist für die 2. Sg. fem. sehr gut belegt.[14]

Neben drei weiteren fraglichen Beispielen existiert ein sicheres Beispiel für eine Mischschreibung von Verb und Nomen des gleichen Stammes:

22. VII, 115, 6: *"er ist wie Horus, der die Herrschaft in Ägypten übernommen hat (ḥr-tp.n.f*) ..."

Fraglich sind:

23. VIII, 65, 15/16: *"...und du vereinst dich (ḫnm.k* (sic)) *mit Mesen (Edfu) in Freude."*
    Ev. Mischung mit *ḫnmt "Amme"*, bzw. eine Verschreibung für das Suffix

24. VII, 64, 15/16: *"Ich schütze (nḥ.j*) *deinen Ka auf dem Kampfplatz."*
    Ev. ist aber lautlich zu erklären, oder es gehört zum Suffix[15].

14 Cf. schon Wb V, 337, 4; cf. auch Edfou VIII, 4, 1; 45, 12; 55, 1; 130, 14; 139, 14 usw. Wie die oben erwähnten Stellen wäre dann auch Edfou VIII, 148, 12 *(jw^c(t).k)* und VII, 207, 9 *(sm3.k)* aufzufassen.

15 Das Suffix der 1. Sg. masc. kann auch geschrieben werden, cf. z.B. Edfou VIII, 18, 6; 30, 7; 48, 16; cf. auch Edfou VIII, 132, 5 ( ). An der vorliegenden Stelle gehört dann ev. das Determinativ des sitzenden Falkengottes dazu.

25. VII, 99, 13: *"Er ist wie Hedj-hotep, der angesehen ist (wśḫ śt* 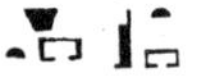 *) im Kleiderhaus..."*
Ev. Mischschreibung mit *wśḫt "Halle"*, oder nur komplexes Determinativ zum Verbum[16]

Diese Beispiele mögen genügen, um das Phänomen der Mischschreibungen zu illustrieren. Auffallend ist übrigens, dies sei zum Schluß noch festgehalten, daß die Belege dafür fast ausschließlich in Edfou VIII zu finden sind, obwohl wir auch die Texte aus Edfou VII zum größten Teil schon erfaßt haben. Dies dürfte ein Hinweis auf unterschiedliche Redaktionen sein, wofür uns auch noch andere Indizien vorliegen.

16  gelten zusammen als Determinativ, cf. z.B. die Schreibung von *bw "Ort"* Edfou VII, 96, 10; 132, 5.

DIETER KURTH

ZUR PHONETIK

§ 1 Ausfall der Präposition *ḥr* vor dem Infinitiv *

Im Neuägyptischen wird in der Verbindung *ḥr* + Infinitiv das *ḥr* häufig ausgelassen, ohne daß dabei eine feste Regel zu erkennen ist.[1] Das Demotische und das Koptische schließlich schreiben das *ḥr* vor dem Infinitiv nicht mehr.[2] Die Ursache liegt wohl in der generellen Tendenz der Sprache, einen ursprünglichen Formenbestand im Laufe einer langen Sprachgeschichte zum Zwecke des schnelleren Sprechens zu verschleifen, zu verschmelzen oder zu reduzieren, ohne jedoch die Grenze des Verständnisverlustes zu überschreiten.

In der Sprache der Edfu-Texte wird *ḥr* vor dem Infinitiv in aller Regel geschrieben,[3] ein Indiz dafür, daß die Verfasser bemüht waren, die Texte mittelägyptisch abzufassen. Dennoch begegnet hier und da die Auslassung des *ḥr*. Solche Fälle werden im Verlauf der von Edfou VIII nach Edfou I voranschreitenden Übersetzung systematisch aufgenommen. Schon jetzt, etwa in der Hälfte des Bandes Edfou VII, fällt auf, daß sich die Belege beim Zusammentreffen bestimmter Laute konzentrieren. Zeigt sich dort, daß die Auslassung des *ḥr* lautlich erklärbar ist, wenn nicht mit einer festen Regel, so doch zumindest mit bestimmten Bevorzugungen?

Der Versuch, solche Bevorzugungen festzustellen, ist bei der Auslassung des *ḥr* vor dem Infinitiv recht schwierig, denn es kommen mehrere Ursachen in Frage. Die einfachste ist diejenige, daß das in der Publikation fehlende *ḥr* nach Ausweis der Photos im Stein vorhanden ist und von E. Chassinat versehentlich ausgelassen wurde.[4] Solche Versehen sind bei der ungeheuren Textmenge unvermeidbar; sie legen jedoch nahe, die Photosammlung des Edfu-Projektes zur Überprüfung heranzuziehen, wo immer es bereits möglich ist (durch ✱ gekennzeichnet).

* Die Abkürzungen orientieren sich am Lexikon der Ägyptologie, hrg. von W. Helck, E. Otto und W. Westendorf, Wiesbaden 1975 ff.

1 Erman, NG, § 431; 477; 480.

2 Zu den wenigen Ausnahmen s. o.c., § 477, Anm. 2; Spiegelberg, Demotische Grammatik, § 438.

3 So auch in Dendera, s. Junker, Gramm. der Denderatexte, § 151.

4 Z.B. an den Stellen VII, 106, 14/15 (Photo 366); VII, 111, 11 (Photo 361).

Eine nicht lautliche Ursache ist auch das Weiterwirken eines unmittelbar vorangehenden *ḥr* (+ Infinitiv):

> ... *ḥr jr(t) s3.f (ḥr)* wḥm mkt .f* .[5]
> ... *ḥr śwr ḳf3(t).k (ḥr)* rd(t) šfjt.k* ... .[6]
> ... *ḥr mw n ḥm.k (ḥr)* śꜥš3 ḥsw(t).k* ... .[7]
> ... *T3-mrj ḥr dw3 n.k nṯr ḫ3śwt nb(t) (ḥr)* śd3d3 n śnḏ.k* .[8]

Einmal abgesehen davon, daß bei den Fällen der Anm. 7 und 8 noch eine andere, diesmal lautliche Erklärung bereitliegt (s.u.), ist dieses Weiterwirken eines vorangehenden *ḥr* als ein Mittel sprachlicher Ökonomie unmittelbar einsichtig. Ein gutes Beispiel liefert auch die Formel *ḥr wbn (ḥr) ḥtp, beim Auf- und Untergehen.*[9] Vergleichbares begegnet auch schon früher.[10]

Lautliche Ursachen erkenne ich bei folgenden Beispielen:

> *nṯrw Ḳbḥwj (ḥr) šm(t) ḥr* ... *.k* .[11]
> ...*bw nb (ḥr) šm(t) ḥr* ... .[12]
> ... *T3-mrj (ḥr)* šm(t) ḥr mw.k* .[13]
> ... *jdbw-Ḥr (ḥr) dw3 n.f nṯr* .[14]

In den Fällen der Anm. 11-13 hat vielleicht das nachfolgende *ḥr* zur Auslassung des *ḥr* vor dem Infinitiv geführt, bei Anm. 14 das vorangehende *Ḥr, Horus*; in beiden Fällen könnte man vermuten, daß zwei benachbarte *ḥr* klanglich nicht willkommen waren. Man muß aber noch mit einer anderen Ursache rechnen (Ausfall des *ḥr* vor *s*, s.u.).

5 VII, 24, 3.
6 VIII, 26, 6/7.
7 VIII, 26, 4.
8 VIII, 33, 14.
9 VIII, 107, 2; VII, 22, 5; 69, 12.
10 Gardiner, EG, § 505. - Pap. d'Orbiney, 9,8 (*ḥr jjt (ḥr) ptr*); 12, 9 (*ḥr ḥmś(t) (ḥr) jꜥ(t)*).
11 VIII, 84, 9.
12 VIII, 84, 17.
13 VIII, 124, 2.
14 VIII, 8,9.

Die Beurteilung der verbleibenden Fälle wird dadurch erschwert, daß

a) ein Einfluß der gleichzeitigen Umgangssprache anzusetzen ist - hier wäre im Präsens kein *ḥr* zu erwarten;[15]

b) bei bestimmten Verben, so denen des Jubelns, ein endungsloses Pseudopartizip nicht auszuschließen ist;[16]

c) bei transitiven Verben die Konstruktion Nomen + Partizip vorliegen könnte.[17]

In Dendera ist anscheinend keine Regel zu beobachten.[18] Berücksichtigt man auch die Alternativen a) - c), dann bleiben vor den beliebig anlautenden Verben der eingangs genannten Materialsammlung keine sicheren Fälle eines ausgelassenen *ḥr* übrig, siehe z.B. VIII, 63, 15 (vor *ms* ; in diesem Textteil steht *ḥr* regelhaft, jedoch ist der Stein an der Stelle beschädigt); 124, 16 (vor *mśḫ3** ; ein Verbum des Jubelns).

15 Siehe z.B. VIII, 138, 11; VII, 83, 14/15 (*śt, sie (Pl.)* + Pseudopartizip; cf. kopt. ⲥⲉ und seine Vorläufer). An der Stelle VIII, 106, 6 finden wir, rein formal betrachtet, einen Umstandssatz des Präsens (... *jw.k (ḥr) ḥḳ3...*), jedoch halte ich den Ausfall des *ḥr* vor *ḥ*-Anlaut für wahrscheinlicher, s.u.

16 Allerdings fand ich bisher nur wenige Fälle mit ausgeschriebener Endung des Pseudopartizips: VII, 36, 17; 37, 7; 48, 14 (allesamt *ḥʿj.tj*); 188, 17 (*ḥkn.tj*). Der Sinn wäre ... *ist in Jubel gefallen (und jubelt fortan)*; bei bisher nur zwei Verben, in stets gleicher Aussage, mag man an eine semantische Begründung denken - doch die Beleglage kann sich ändern (cf. schon Junker, Gramm. der Denderatexte, § 150, in fine).

17 Siehe Edel, Altäg. Gramm., § 950; Gardiner, EG, § 450, 1; Erman, NG, § 699; Junker, o.c., § 267 (letztes Beispiel). In solchen Sätzen würde ich, analog zur *jn*- Konstruktion, eine leichte Hervorhebung (Exklusivität) erwarten; siehe z.B. VII, 16, 4/5: *nśwt dw3 ..., dw3 ..., śm3 ..., jʿb ..., Der König aber preist (seinen Ka), preist (seinen Ba), tötet (seine Feinde) und versorgt (sein Haus mit ...)*.

18 Jedenfalls nach den Beispielen bei Junker, Gramm. der Denderatexte, § 151. Es ist allerdings möglich, daß bei diesen Beispielen das *ḥr* dann geschrieben wird, wenn es gilt, eine Verwechslung mit der Konstruktion Nomen + *śḏm.f/sḏm.n.f* auszuschließen. Vergleichbares gibt es in den Edfu-Texten nicht selten, so z.B. das Eintreten eines attributiven *śḏm.f* für eine Relativform oder für ein Partizip Aktiv, wenn letztere mißverständlich gewesen wären, siehe VII, 20, 9: ... *Ḥr ... ḫ ḫnt ḫjt ḫj ś(w) 3ḫtjtj ..., ... Horus ..., das Kind im Himmel, das die beiden Horizontischen (Isis und Nephthys) hochheben ...;* ohne *ś(w)* könnte Horus die beiden Horizontischen hochheben, wenn man statt einer *śḏm.f*-Relativform ein Partizip Aktiv (beide endungslos) ansetzen würde.

Anders ist die Situation bei Verben, die mit *h/ḥ/ḫ* anlauten. Zwar habe ich kein Beispiel, das man nicht entweder als weiterwirkendes *ḥr*, als *ḥr* in Kontaktstellung zu *ḥ + r*, als Präsens der Umgangssprache, als Verbum des Jubelns im (endungslosen) Pseudopartizip oder als Nomen + Partizip erklären könnte, aber es ist die Anzahl der Fälle, die hier eine andere Beurteilung nahelegt:

ḥr fehlt vor

- *h3-śnḏ, jubeln* (VIII, 23, 1; VII, 88, 3);[19]
- *hṯt, jubeln* (VIII, 13, 16; 22, 12);[20]
- *ḥꜥj, leuchten* (VIII, 104, 3);
- *ḥꜥj, erfreuen* (VIII, 3, 18*);
- *ḥbś, verhüllen* (VII, 10, 11);
- *ḥngg, jubeln* (VIII, 37, 9*; VII, 63, 14/15*);
- *ḥsj, preisen* (VII, 41, 12);
- *ḥḳ3, beherrschen* (VIII, 106, 6);
- *ḫ3b, beugen* (VIII, 111, 7*);
- *ḫꜥj, erscheinen* (VIII, 16, 18*);
- *ḫntš, sich freuen* (VII, 69, 15*).

Es sind insgesamt 14 Fälle, wohingegen die anders anlautenden Verben (ausgenommen *s/ś/š*, s.u.) je nur einmal belegt sind; allerdings fehlt *ḥr* vor mit *m* und *n* anlautenden Verben dreimal (insgesamt) und vor mit *j* anlautenden Verben viermal.

Deshalb habe ich Zweifel, ob die obengenannten, jeweils recht selten zu belegenden Alternativen zur Erklärung ausreichen. Meines Erachtens ist es wahrscheinlicher, daß das *ḥr* in der Aussprache mit den anlautenden *h/ḥ/ḫ* zusammengefallen und darum in der Schrift unterdrückt worden ist; späte Texte geben die Präposition *ḥr* gelegentlich auch nur mit *jh/jḥ* wieder.[21]

Zu beachten ist aber, daß *ḥr* nur hier und da ausgelassen wird und daß man diese Präposition auch vor Verben schreibt, die mit *h/ḥ/ḫ* anlauten.[22] Festzustellen ist also nur eine gewisse Bevorzugung: Wenn die Präposition *ḥr* vor dem Infinitiv ausfällt, dann auffallend häufig vor Verben, deren erster Konsonant *h*, *ḥ* oder *ḫ* ist.

19 Gegen ein Pseudopartizip bei VII, 88, 3 (einzige Alternative) sprechen Stellen wie VII, 80, 5/6 *(ḥr ḳḳ/ḥr šsp)*; 92, 14/5 *(ḥr dw3/ḥr hnw)*; 109, 7 *(ḥr ḥn/ḥr jr(t))*.
20 Transitiv, mit direktem Objekt.
21 Wb III, 131; Spiegelberg, Demotische Grammatik, § 438.
22 Siehe zwei der Beispiele in Anm. 19.

Diese Beobachtung könnte fallweise bei problematischen Textstellen als eine Entscheidungshilfe neben anderen dienen. Wichtiger ist aber m.E. die sich hier andeutende Konsequenz, daß die Verfasser der Tempelinschriften ihre Texte häufiger als nur gelegentlich auch gesprochen haben müssen; die nachfolgenden Beispiele werden das absichern.

Etwas klarer ist der Sachverhalt bei denjenigen *ḥr*, die vor *s*, *ś* oder *š* ausfallen; denn für die folgenden Textstellen kommt keine der obengenannten Alternativen zum Infinitiv in Frage:

- *wnn nśwt-bjt (Ptol. IX) (ḥr)* śḥtp jb n jt.f Ḥr Bḥdtj ...,* *Der König von Ober- und Unterägypten (Ptol. IX) stellt das Herz seines Vaters Horus Behedeti zufrieden ...*.[23] Parallelen am gleichen Orte schreiben *ḥr jr(t)*,[24] aber auch *ḥr śdf3*.[25]
- *(Horus von Edfu) ... śtwt.f (ḥr)* śḥḏ(t) śnk(t) ...,* *..., dessen Licht das Dunkel erhellt ....*[26] Eine Parallele mit gleicher Wortwahl hat ebenfalls *... śtwt.f (ḥr)* śḥḏ(t) ...*;[27] eine inhaltlich gleiche, aber in der Wortwahl unterschiedliche Textstelle schreibt jedoch *... m3wt.f ḥr ḫśr kkw ....*[28]
- Ein weiterer klarer Fall liegt vor an der Stelle VIII, 20, 6: *Ich gebe dir Kraft im Wasser, wenn du das Vordringen der feindlichen Wassertiere (Krokodile) hemmst ((ḥr)* śḥm(t)).*

Weitere Fälle, in denen man *ḥr* erwarten würde, ließen sich auch durch die genannten Alternativen erklären. Ich halte das jedoch für unwahrscheinlich, da die Konzentration der Belege vor *s/ś/š* noch auffälliger ist als vor *h/ḥ/ḫ*:

- *s3w, schützen* (VII, 13, 6);[29]
- *sbj, vertreiben* (VII, 41, 10);
- *ś3ḫ, herrlich machen* (VIII, 9, 15*);
- *śᶜš3, vermehren* (VIII, 26, 4*; 90, 9*);[30]
- *śm3, töten* (VII, 54, 12*);[31]
- *śḥm, zurücktreiben* (VIII, 20, 6*);

23 VII, 39, 1.
24 VII, 39, 3.
25 VII, 33, 1.
26 VII, 68, 13.
27 VII, 86, 11.
28 VII, 92, 6.
29 Daneben (13, 5/6): *ḥr ś3ḫ(t)*.
30 Daneben (90, 9): *ḥr ˙h(w)j*.
31 Parallelen haben *ḥr ḫśr* (IV, 216, 1); *ḥr ḫw(t)* (VII, 55, 14/15).

- *sḥtp, zufriedenstellen* (VII, 39, 1*; 91, 15);
- *sḥḏ, erhellen* (VII, 68, 13*; 86, 11*);
- *śḫm, sich bemächtigen* (VIII, 21, 2*);[32]
- *śḫr, niederwerfen* (VII, 101, 3/4*);
- *śd3d3, erzittern lassen* (VIII, 33, 14);
- *šw, leuchten* (VII, 69, 12*);
- *šm, gehen* (VIII, 84, 9; 84, 17; 124, 2*);
- *šmś, folgen* (VII, 35, 1*);[33]

Eine sichere Begründung für den Ausfall des *ḥr* vor *s/ś/š* kann ich nicht liefern. Auch hier handelt es sich ja nicht um eine feste Regel, sondern nur um eine Bevorzugung, in der Mehrzahl der Fälle wird das *ḥr* geschrieben.[34] Dennoch möchte ich eine Erklärung vorschlagen: *ḥ* und *s/ś/š* sind Laute, deren Artikulationsstellen besonders weit voneinander entfernt liegen; ihre Aussprache in unmittelbarer Folge, also ohne die Vermittlung eines Vokals,[35] wurde als unbequem empfunden. Deshalb unterdrückte man das *ḥr* vor Verben, die mit *s, ś* oder *š* anlauten, und zwar nicht allzu selten.

Ob auch der vorangehende Konsonant eine Rolle spielt, ist zur Zeit noch nicht auszumachen. Eine gewisse Bevorzugung von *b, f* und *w* fällt mir jedoch auf.[36] In diesen Fällen wäre die "Strecke" zwischen den entfernten Artikulationsstellen bei gesprochenem *ḥr* zweimal zurückzulegen.[37]

Zusammenfassend möchte ich festhalten, daß *ḥr* vor dem Infinitiv <u>bevorzugt</u> bei denjenigen Verben ausfällt, welche als ersten Konsonanten *h/ḥ/ḫ* oder *s/ś/š* haben. Der Ausfall des *ḥr* ist auch vor anders anlautenden Verben zu beobachten, nur jeweils viel seltener. Vor *f, ḳ, k* und *g* fand sich bis jetzt noch kein Beleg.

Weiteres Material ist zur Absicherung[38] oder Widerlegung[39] erforderlich, vor allem auch deshalb, weil besonders viele Wörter der altägyptischen Sprache mit *s/ś/š* anlauten. Beim heutigen Stand (Edfou VIII; VII, 1-141) läßt sich jedoch sagen, daß die soeben vorgelegte Beobachtung einen weiteren Hinweis auf das Sprechen der Tempeltexte liefern könnte.

32 Hier wäre auch ein *śḏm.f* denkbar: *śḫm(.j)*.
33 Cf. VIII, 141, 7.
34 Siehe z.B. VIII, 63, 15 (vor *śjꜥr*); VII, 13, 5/6 (vor *ś3ḫ*); 80, 6 (vor *šsp*); 105, 14 (vor *św r*).
35 Z.B. *hś, Kot,* kopt. ϩⲁⲥ, ϩⲟⲥ, ϩⲉⲥ.
36 VIII, 20, 6 (*nw*); 21, 2 (*ḫftjw*); 33, 14 (*nb*); 84, 9 (*ḳbḥwj*); 84, 17 (*nb*); VII, 35, 1 (*nb*); 68, 13 (*f*); 69, 12 (*f*); 86, 11 (*f*). - Daneben begegnen auch *k* (VIII, 9, 15; 26, 4; VII, 91, 15), *tj* (VII, 41, 10) und *r* (VII, 101, 3/4).
37 Darf man hier die Stelle VIII, 102, 12 anschließen? *ḥr* ist nun vor *tw3* und nach *ḳm3tjw* ausgefallen. Zur Nähe von *ś* und *t* cf. Junker, Gramm. der Denderatexte, § 35. - Der Fall selbst ist eindeutig, cf. z.B. VIII, 57, 15/16; 112, 14 et passim.
38 Dazu noch ein Indiz: Anlautendes ϩ + ⲥ, ohne Vokal dazwischen, ist im Koptischen kaum zu finden, wohl aber ϩ + ⲃ, ϩ + ⲙ, ϩ + ⲛ, ϩ + ⲣ u.a.m.
39 Es spricht nicht gegen meine Beobachtung, daß die Präposition *ḥr* nur äußerst selten vor einem Nomen ausfällt; denn das konnte sich die Sprache wegen drohender Mißverständnisse nicht leisten.

§ 2 Dissimilation der Präposition *m* zu *n*

Zunächst die Fälle; bei mehreren Belegen werden maximal drei Stellen angegeben:

a) *m* wird *n* vor *w*:
- *wbn, aufgehen* (VII, 83, 9);[40]
- *wp, Festfreude* (VIII, 63, 11);[41]
- *wnj mw, feindlich sein* (VIII, 35, 15;[42] 118, 2);[43]
- *wnwt, Stunde* (VII, 7, 6).

b) *m* wird *n* vor *b*:
- *b3, Ba* (VIII, 91, 17; VII, 22, 13);
- *b3w, Bas* (VII, 4, 5);
- *b3ẖ, Ostgebirge* (VIII, 95, 16; VII, 5, 1);
- *bj3, Erz* (VII, 3, 7; 7, 4);
- *bj3, Himmel* (VIII, 145, 8);
- *bjk, Falke* (VII, 11, 2);
- *bw, Ort* (VII, 26, 9);
- *bḥdw-n-Rᶜ, Thronsitz-des-Re (Edfu)* (VIII, 120, 9);
- *Bḥdt* und *Bḥdtj, Edfu* und *Behedeti* (VIII, 102, 13; 107, 3; 141, 7; 13 Fälle);
- *bṯnw, Rebellen* (VIII, 28, 9);
- *bdt, Spelt* (VII, 79, 9).

c) *m* wird *n* vor *p*:
- *P, die Stadt Pe* (VII, 24, 9);
- *pt, Himmel* (VIII, 67, 11; 68, 9; 92, 18; 9 Fälle);
- *p3ḏ, Weihrauch* (VII, 35, 1);
- *ppt, eine Pflanze* (VIII, 136, 16);
- *pr, Haus* (VIII, 74, 6; VII, 43, 1);
- *prj, hervorkommen* (VIII, 135, 20; VII, 60, 3);
- *pśḏ, leuchten* (VIII, 103, 16);
- *pśḏt, Neunheit* (VIII, 112, 4; VII, 13, 2; 15, 6);
- *pśḏntjw, Tag des Neumonds* (VIII, 24, 1; nach *k3p*, s.u.).

40 Cf. aber Wb I, 292, 13. Jedoch liegt m.E. hier bereits Dissimilation vor, und zwar vor *w* und *b* ; für ein dissimiliertes *m* spricht auch die Semantik, cf. Wb I, 292, 11/12.
41 *n wp* ; cf. daneben *m ḥb, m ḥknw, m hj* und *m ḥᶜᶜwt* !
42 Cf. Wb. II, 278, 1.
43 Cf. Wb IV, 48, 13.

d) *m* wird *n* vor *f:*
- *fdt, Schweiß* (VIII, 140, 16; nach *f*, s.u.).

e) *m* wird *n* vor *m:*
- *m3wt, Licht* (VIII, 97, 9);
- *mḥ, Elle* (VII, 11, 7);
- *mśw, junge Pflanzen* (VIII, 59, 11);
- *mśn, Edfu* (VIII, 161, 10; VII, 130, 12).

Zur weiteren Absicherung kann man auch das Umfeld einiger Fälle heranziehen:

- Neben *n Bḥdt, in Edfu* (VIII, 120, 1) steht *m Ḏdw, in Busiris* (120, 2);
- neben *n pt, im Himmel* steht *m t3, auf Erden* (VII, 15, 6);
- neben *n mśn, in Mesen*[44] (VIII, 161, 10) findet man *m ḥb, im Fest* (161, 9); *m ḥ^{cc}wt, in Freude* (161, 9); *m ḥt-bjk, im Haus-des-Falken*[44] (161, 9/10); *m śpwt-nṯrw, in Gaue-der-Götter*[44] (161, 10); *m śt-wnp, in Sitz-des-Erstechens*[44] (161, 10); *m nśt-nṯrw, in Thronsitz-der-Götter*[44] (161, 10); *n nśt-R^{c}, in Thronsitz-des-Re*[44] (161, 10);[45]
- siehe oben, Anm. 41.

Die Menge der Fälle und die soeben genannten kontrastierenden Textstellen aus dem Umfeld der Fälle bezeugen zweifelsfrei die Existenz folgender Regel:
Vor *w, b, p, f* und *m* wird die Präposition *m* nicht selten zu *n* dissimiliert.
Die Belege für *b* (26) und *p* (21) sind weitaus zahlreicher als die für *w* (5), *f* (1) und *m* (5). Bezogen auf die Anzahl der verschiedenen Wörter ist der Unterschied geringer: *b* (11), *p* (9), *w* (4), *m* (4), *f* (1). Unabhängig von der Verteilung der Belegstellen sind aber die fünf Laute, wenn man nach einer Erklärung des Phänomens sucht, als Gruppe zu behandeln; denn sie sind allesamt miteinander verwandt.

Ihnen ist gemeinsam, daß sie als Verschlußlaute, Spiranten und Nasal sämtlich interlabial gebildet werden können und - mit Blick auf vorliegendes Material - vielleicht auch gebildet wurden. Es mag sein, daß sie sich folgendermaßen zueinander verhielten, wenn die Texte des Tempels von Edfu von ihren Verfassern gesprochen wurden:

44 Ein Kultname Edfus.
45 Hier bewirkte das vorangehende *jb* die Dissimilation, s.u.

	Verschlußlaute	Spiranten	Nasal[46]
stimmhaft	b	w	m
stimmlos	p	f	

Traf nun die ebenfalls interlabial gebildete Präposition *m* auf ein mit *w, b, p, f* oder *m* anlautendes Wort, dann bestand die Gefahr, daß die Präposition mit dem folgenden Wort-Anlaut mehr oder weniger zusammenfiel und ihren Wert als Sinnträger weitgehend verlor. Sprach man nun *n* anstelle des *m*, dann hob sich die Präposition wieder deutlich vom folgenden Wort ab, denn der Nasal *n* wird nicht interlabial gebildet. Erneut zeigt sich, daß man die Tempeltexte gesprochen haben muß. Die Sprecher konnten dabei die Rechtfertigung für die Dissimilation der Präposition *m* zu *n* der Sprache ihrer Zeit entnehmen, denn das Demotische gibt die alte Präposition *m* in aller Regel mit *n* wieder.

Die aufgezeigte Dissimilation konnte auch dann erfolgen, wenn *w, b, p, f* oder *m* den Auslaut des vorangehenden Wortes bildeten. So finden wir die Präposition *m* als *n* nach den Wörtern:

- *jb, Herz* (VIII, 161, 10; daneben aber ... *jb m nśt* ...);
- *nb, jedes* (VIII, 105, 8);
- *nbw, alle* (VII, 71, 14);
- *ḫp(r), werden* (VIII, 38, 3);[47]
- *k3.f, sein Ka* (VIII, 15, 1);[48]
- *k3p, verbergen* (VIII, 24, 1);[49]
- *tp.f, sein Kopf* (VIII, 59, 8).

46 Diese Zusammenstellung ist nur eine Abstraktion, die sich auf einen von mir angesetzten "akademischen Betrieb" bezieht; in den Texten ist nämlich manchmal ein Wechsel zwischen diesen Lauten zu beobachten: Siehe schon Edel, Altäg. Gramm., § 124; Junker, Gramm. der Denderatexte, § 24; cf. auch Till, Koptische Grammatik, § 12; ferner: Esna, Nr. 248 (88), *nmt/nbt* ; Nr. 480, 19, *šfjt/šbjt* (Meeks, AnnLex, 77.4163; Westendorf, KHWB, 302); Edfou VIII, 2, 9, *mnkrt/bkrt, Thron;* die feste Formel *k3wt gbt, den Himmel tragen,* z.B. Edfou VII, 130, 5/6.
47 *ḫpr* war ja in der Aussprache schon zu *ḫp* + Murmelvokal geworden, cf. die häufige Schreibung ⊙ ▪ , z.B. VIII, 140, 16.
48 Cf. Wb IV, 247 f.
49 Zum folgenden *pśḏntjw* s.u.; cf. auch *ḫp(r).n.f n fdt.k, ..., da sie (die Myrrhe) aus deinem Schweiß entstanden ist* (VIII, 140, 16).

Die Dissimilation läßt sich auch dort beobachten, wo *w*, *b*, *p*, *f* oder *m* mehrfach im Umfeld der Präposition *m* auftauchen, und zwar vor oder nach *m* sowie als nächster oder als übernächster Konsonant. Drei Beispiele dafür wurden soeben genannt: *nbw* (VII, 71, 14); *tp.f* (VIII, 59, 8); *k3p n pšḏntjw* (VIII, 24, 1). Weiterhin wird die Präposition *m* zu *n*:

- *(r)dj mšnj.f n jmjw-mw, ..., der sein Messer in die feindlichen Wassertiere (Nilpferde und Krokodile) stößt* (VIII, 77, 15); eine Erklärung mit Hilfe der Semantik ist hier nicht möglich, denn Horus gibt ja nicht den Feinden sein Messer - eine Parallele schreibt dementsprechend *m* vor *šbjw*;[50]

- *ḥꜥj ḥr nb n jw.f, ..., bei dessen Kommen jedermann jubelt* VII, 115, 14);[51]

- *dmḏ n sp, zugleich* (VII, 29, 18-42, 4).

Im letztgenannten Fall wechseln *m* und *n* innerhalb einer feststehenden Formel; als Ursache kommt neben der Phonetik auch die Semantik in Frage.[52] Entsprechendes gilt für *ḥḥ n ꜥnḫ* ... neben *ḥḥ m ꜥnḫ* ... (VIII, 64, 11 und 12);[53] hier, zwischen *ḥ* und *ꜥ*, gäbe es allerdings m.E. keine phonetische Erklärung.

Eine ähnliche Situation haben wir bei den Formeln ..., *von dessen/deren Licht/Anblick jedermann lebt*. Die semantische Erklärung konkurriert mit der phonetischen, denn instrumentales *m*, *durch*, ist fallweise ebenso sinnvoll wie begründendes *n*, *wegen*.[54] Zunächst eine Aufbereitung meiner Belege:

- *ꜥnḫ ... m j3ḫw.f* (VIII, 90, 11);
- *ꜥnḫ ... m jm3w.f* (VII, 88, 6);
- *ꜥnḫ ... m wbn.f* (VIII, 92, 8);
- *ꜥnḫ ... n ptr.k* (VIII, 132, 1; 89, 11: *ptr.f*);
- *ꜥnḫ ... n pšḏ.f* (VII, 61, 10/11; 103, 14);
- *ꜥnḫ ... n m33 ...* (VIII, 24, 8; 37, 2; 100, 13; 123, 5/6; 154, 8/9; VII, 72, 14; 86, 17);
- *ꜥnḫ ... m m3wt.f* (VII, 87, 4);
- *ꜥnḫ ... n m3wt.f* (VIII, 17, 14; VII, 20, 8);

50 VIII, 76, 12: *(r)dj mšnj.f m šbjw*.
51 Cf. VIII, 92, 18: *bjk m jw.f*.
52 *dmḏ m sp* scheint älter zu sein als *dmḏ n sp* (Wb V, 459, 5/6). Doch *n sp* allein ist seit dem MR belegt (Wb III, 438, 10).
53 S. Wb III, 153 B.
54 Cf. Wb I, 194, 2/3; 5-7.

- *ᶜnḫ̆ ... m dg(t.)f* (V, 44, 6);
- *(Pflanzen sind ergrünt) n m33.f* (VIII, 121, 15);
- *(Pflanzen sind ergrünt) m m33.f* (V, 44, 7);
- *(Personen erhellen) n m33.f* (VIII, 45, 8; VII, 81, 10);
- *(sich freuen) m m33 ...* (VIII, 2, 9/10; 3, 7; VII, 21, 8; 54, 3/4; V, 44, 7; I, 398, 10/11);
- *(sich freuen) n m33 ...* (VIII, 33, 4; 37, 9; 48, 16; 61, 14; 79, 7; VII, 63, 14; 63, 15; 68, 11; 69, 16; 75, 17; 88, 3; 94, 16);
- *(sich freuen) ḥr m33.ś* (VII, 90, 16);
- *(sich freuen) n dgt.k* (IV, 270, 17sic; VIII, 80, 8: *n dgt.f*).

Für eine semantische Beurteilung spricht:

- Sowohl *ᶜnḫ̆ m* als auch *ᶜnḫ̆ n* ist seit älterer Zeit belegt;[54]
- die Ursache der Freude kann nach dem vorgelegten Material mit *m*, *n* und *ḥr* eingeführt werden;[55]
- bei *n dgt.k/.f* ist m.E. keine phonetische Begründung möglich.

Für eine phonetische Beurteilung spricht:

- *pẖr d3t n m3wt n(t) jrtj.f* (VIII, 97, 9) neben den Stellen *ᶜnḫ̆ ... n m3wt ...; m j3ḫ̆w; m jm3w* (s.o.);
- das Nebeneinander von *n m33.f* und *m śtwt...* (VII, 81, 10);
- die oben mit anderen Beispielen nachgewiesene Existenz dieser Dissimilation.

Die Frage muß also offenbleiben. - Auch für die folgende Erscheinung ist weiteres Material abzuwarten: *n/m m33* fand sich nur nach den Verben *sich freuen*, *jubeln* u.ä., nach *ᶜnḫ̆* hingegen gibt es bislang nur *n m33*.

Anschließend noch einige Beobachtungen und Fragen:

a) Aus dem vorgelegten Material geht hervor, daß die Dissimilation der Präposition *m* zu *n* vor *w/b/p/f/m* auch unterbleiben kann, siehe z.B. *ᶜnḫ̆ jḫ̆t nbw*^sic^ *m wbn.f* (VIII, 92, 8); *jb n/m* (VIII, 161, 10); weitere Fälle sind *m pt* (VII, 2, 3), *m mḥ ... n mḥ ... m mḥ* (VII, 11, 7) etc. Es handelt sich eben nur um eine Regel, die man anwenden konnte, aber nicht mußte.

55 S. auch Wb III, 40, II; 121, 8/9; 311, 15-17.

b) Vielleicht gibt es eine semantische Erklärung für *n* vor der Waffe, mit der man tötet: *śḳr n ś3ḫt* (VII, 62, 10); *śḳr n ḥḏ* (VII, 114, 7); *śjpj n dś/dmt* (VII, 111, 8; 128, 8).

c) Auf die dargelegte Art nicht zu erklären sind die Stellen VIII, 78, 2 (*n* vor *n3*); 105, 15 (*n* vor *ḫftj*).

d) Interessant ist die Dissimilation des Genitiv-*n* zu *m*: *ntj m šnw m nn r 3w, ..., die dieses alles umgibt* (VII, 18, 8); *šnw m nwt.f, (im) Umkreis seiner Stadt* (VIII, 107, 16). Das Anliegen ist m.E. offensichtlich: Das Genitiv-*n* sollte hörbar gemacht werden, es wäre als *n* inmitten der anderen *n* lautlich verschwunden. - Wohl nicht auf diese Art zu erklären sind die Stellen VIII, 70, 3 (*T3-m-Jwnw*) und 80, 3 (*ṯ3 m rw*).

e) Zugleich lassen sich einige wenige Fälle von Assimilation nachweisen:

- ... *jrj.śn tp-nfr m bjk-n-nb ..., ..., damit sie ein Urteil fällen zugunsten des Falken-aus-Gold* ... (VIII, 111, 13); *n bjk* wird also zu *m bjk*;
- ... *m wr [.f] jm.ś m nśwt, ..., weil [er] groß ist in ihm als König* (VII, 22, 8); *n wr* wird also zu *m wr*;[56]
- ... *$p^{c}p^{c}$ m 3śt ..., ... geboren von Isis* ... (VIII, 79, 12); *m* für *n* ist vielleicht mit den vorangehenden *p* zu erklären; cf. auch Wb I, 504, 4.

f) Als Schreibungen des *n* findet man  (VIII, 112, 4); (VIII, 68, 9; die Mehrzahl aller Fälle);  (VII, 26, 9; keineswegs selten); (VIII, 145, 8; recht häufig).
Hinter der Wahl der einen oder anderen Schreibung stehen wohl nur kalligraphische Erwägungen.

Abschließend möchte ich noch kurz auf die bisherige Behandlung dieser lautlichen Erscheinung eingehen. Den gelegentlichen Wechsel von *m* und *n* im Altägyptischen behandelt Edel.[57] Erman[58] weist nur kurz und ganz allgemein auf die *häufigen Beispiele bei den Präpositionen n̲ und m̲* hin, ohne bei *n pt* für *m pt, im Himmel*, auf die Möglichkeit einer Dissimilation einzugehen; er nennt jedoch die Assimilation des *n* zu *m* vor *p* und *m*. Im Demotischen wird die Präposition *m* in der Regel mit *n* wiedergegeben, unabhängig von den vorangehenden oder folgenden Konsonanten.[59]

56 *n* dient hier als kausale Konjunktion; cf. Edfou IV, 328, 4: *ḏr wr.f*.
57 Altäg. Gramm., § 123.
58 NG, § 47.
59 Spiegelberg, Demotische Grammatik, § 269-277.

In seiner Grammatik der Denderatexte (§ 25) gibt Junker nur wenige Beispiele für einen Wechsel der Präpositionen *m* und *n*, undifferenziert und ohne die phonetischen Verhältnisse zu untersuchen. Am weitesten in diese Materie eingedrungen ist bisher Fairman, wenn auch nur in Form einiger Fußnoten;[60] er beschrieb bereits einen Teil der lautlichen Erscheinung, doch suchte er nicht nach einer Erklärung. - Im Koptischen schließlich assimiliert sich ⲛ vor ⲙ und ⲡ regelhaft zu ⲙ .[61]

Mit Blick auf das Demotische und Koptische tritt die von mir aufgezeigte Dissimilation als eine selbständige lautliche Erscheinung des *Edfu-Tempelägyptischen* deutlich hervor; denn das Demotische kennt keine Differenzierung der beschriebenen Art, und im Koptischen finden wir hier die Assimilation.

Zusammenfassend kann man sagen, daß eine recht starke Tendenz bestand, die Präposition *m* vor *w/b/p/f/m* zu *n* zu dissimilieren. Das ergibt nur einen Sinn, wenn die Texte auch gesprochen wurden und wenn dabei die Deutlichkeit der Aussprache eine gewisse Bedeutung hatte; für letzteres möchte ich auch auf die oben unter *d)* genannte Dissimilation des Genitiv-*n* zu *m* hinweisen.

60 BIFAO 43 (1945), 92; JEA 32 (1946), 77.
61 Till, Koptische Grammatik, § 35.

§ 3 Lautbares *t* vor Suffixpronomen

a) Spätestens seit dem Neuägyptischen ist zu belegen: Das *t* der Femininendung beim Substantiv wurde häufig nicht mehr als *t* gesprochen, wenn sich dem Substantiv kein nachfolgendes Wort eng anschloß; folgte ihm jedoch z.B. ein Suffixpronomen, wurde die Femininendung *t* wieder gesprochen.[62]

In der Schrift zeigte man dieses wieder lautbare *t* öfters durch ein , oder an, welches zusätzlich zum traditionellen der Femininendung vor das Suffixpronomen gesetzt wurde, siehe z.B. , neben (neuägyptisch)[63] und aus Dendera , *jḫt.f, seine Sache* (in den Denderatexten nur bei diesem Wort zu belegen).[64]

Auch in den Edfu-Texten lassen sich Beispiele finden, bei anderen Wörtern als *jḫt:*

- VIII, 10, 5: , *ḥ3t.ś* ;[65] so auch VIII, 18, 13.
  Die Zugehörigkeit zum vorliegenden Fall sehe ich in der Schreibung statt , denn ich kann bisher nur vor dem Suffixpronomen belegen.
- VII, 43, 2: *wr wj šnḏt.f, Wie groß ist doch der Respekt vor ihm!*
  šnḏt.f schreibt man .

Junker (l.c.) fand die Beispiele für *jḫt* in neuägyptisch gefärbten Texten; das scheint auch für das erste meiner Beispiele zuzutreffen (siehe davor: *jw.w wᶜb*). Neben den genannten, (bislang) nur wenigen Fällen aus Edfu mit oder stehen zahlreiche andere, die nur ein einziges vor die Endung setzen, also die klassische Schreibung aufweisen: *j3wt.f* (VII, 43, 4); *jrt.f* (VII, 110, 12); *ḥ3t.f/k* (VIII, 146, 8; VII, 76, 8; 110, 3; 121, 13; 122, 6); *ḥ3mt.k* (VII, 43, 12); *ḥmt.ś* (VII, 5, 7); *šfjt.f* (VII, 43, 2); *k3t.f* (VII, 82, 2; 113, 3) u.a.m.
Da nun die Femininendung des Substantivs auch ohne Suffixpronomen sehr häufig ausgeschrieben wird[66] sowie auch vor Suffixpronomen öfters fehlt,[67] können die soeben genannten Beispiele die Lautbarkeit des fem. *t* vor Suffixpronomen nicht bestätigen - sie liefern allerdings auch keinen Widerspruch.

62 Siehe Edel, Altäg. Gramm., § 113; 210. Gardiner, EG, S. 34, Anm. 1a. Erman, NG, § 139 ff. Spiegelberg, Demotische Grammatik, § 4 (24). Till, Koptische Grammatik, § 188. Junker, Gramm. der Denderatexte, § 70.
63 Erman, l.c.
64 Junker, l.c.
65 Zum daneben auftretenden s. Wb I, 537, 5.
66 Mit z.B. in *bwt, Abscheu*, VIII, 106, 11; mit z.B. in *mrwt, Beliebtheit*, VIII, 97, 8.
67 Z.B. VII, 43, 2 (*ḥ3t.f*); 43, 12 (*ḥ3t.k*).

Ebenso verhält es sich mit  vor Suffixpronomen:  , *s3t.k, deine Tochter* ;[68] denn das Wort schreibt man auch ohne Suffixpronomen seit NR mit zwei *t*.[69] Fälle wie 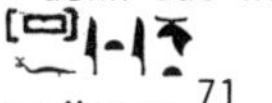 schließlich[70] wird man auf demotische Schreibgewohnheiten zurückführen müssen.[71]

b) Eine analoge Erscheinung ist die Schreibung des *t* vor Suffixpronomen beim femininen Infinitiv, ebenfalls belegt seit dem NR.[72] Junker gibt einige Beispiele aus den Texten des Hathortempels von Dendera:[73]  , *dgt.f, ihn sehen*; außer *dgj, sehen*, nennt er die alten Verba IIIae inf.

- *rmj, weinen;*
- *ḥ3j, betrauern;*[74]
- *ḫwj, schützen.*

Aus dem Material der Edfu-Texte läßt sich bis heute dazu beisteuern:

- *ḫwj, schützen* , in den Schreibungen

  (VIII, 48, 1: *ḫwt.k*; VII, 13, 5: *ḫwt.f*);

  (VIII, 107, 2: *ḫwt.f*);
  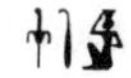
  (VII, 25, 16: *ḫwt.f;* 26, 6: *ḫwt.ś*);

- *thj, schädigen*
  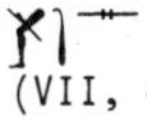
  (VII, 41, 10: *tht.ś*);

- *dgj, sehen,* in den Schreibungen
  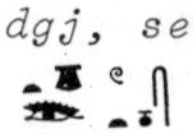
  (VII, 15, 5: *dgt.śn;* VIII, 72, 10: *dgt.f;* 122, 13; 146, 1, beide: *dgt.ś*);
  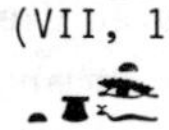
  (VIII, 80, 8: *dgt.f*);

68 VII, 90, 11.
69 Wb III, 411. Edfou VIII, 66, 8; VII, 89, 7; allerdings folgt ja in der Regel auf *s3t, Tochter,* ein eng verbundenes Nomen.
70 *šfjt*, ohne Suffixpronomen; VII, 100, 4.
71 Spiegelberg, Demotische Grammatik, § 21 f. Cf. auch Edfou VIII, 5, 1 (*šfjt*); 24, 1 (*ndbwt*); VII, 51, 11 (*3ḫt*); 113, 16 (*šfjt*).
72 Erman, NG, § 403 ff. Till, Koptische Grammatik, § 272.
73 Gramm. der Denderatexte, § 171.
74 Cf. Wb III, 6, 10/11; 7, 1-4.

- (VIII, 91, 4: *dgt.ṯ*).

Das *t* wird also , , oder geschrieben; für die Auswahl waren offensichtlich kalligraphische Gründe entscheidend. wird zumeist hinter das Determinativ gesetzt, und auch davor; das entspricht dem klassischen Vorgehen bei *tw*, *man* (im Passiv) und *tj* (im Pseudopartizip).[75]

Schon diese wenigen Beispiele zeigen erneut, daß die Orthographie auch durch das Sprechen der Texte beeinflußt wurde; denn alleine mit mechanischer Übernahme aus neuägyptischen Vorlagen wird man die Vielfalt der Schreibungen nicht überzeugend erklären können.

In den drei Abschnitten der vorliegenden Untersuchung wurden bestimmte Auffälligkeiten der Edfu-Texte vorgestellt, die zwei Gemeinsamkeiten besitzen:

a) Sie sind nur sporadisch zu belegen, es handelt sich bei ihnen also nicht um verbindliche Regeln.

b) Sie lassen sich nur dann verstehen, wenn man ein Sprechen der Texte annimmt:

- Der Ausfall des *ḥr* vor dem Infinitiv mit *h/ḥ/ḫ/s/ś/š* anlautender Verben (§ 1) ist m.E. auf eine Neigung zur Erleichterung der Aussprache zurückzuführen. Die Rechtfertigung dazu kam aus der Entwicklung der gesprochenen Sprache bis hin zur Ptolemäerzeit: Bei den Nachfahren der alten Pseudoverbalkonstruktion mit *ḥr* + Infinitiv war das *ḥr* verschwunden, ohne daß die Verständigung dadurch bedroht worden wäre.

- Die Dissimilation der Präposition *m* zu *n* (§ 2) hingegen kann nur den Zweck verfolgen, die Hörbarkeit dieser für das Verständnis wichtigen Präposition zu fördern,[76] und zwar dort, wo durch eine Kontaktstellung zu verwandten Lauten die Hörbarkeit gefährdet war. Wieder konnte man die Berechtigung auch aus der Umgangssprache der Zeit ableiten, denn im Demotischen erscheint die alte Präposition *m* in der Regel als *n*. - Die Dissimilation selbst ist aber, gemessen am Koptischen und Demotischen, eine Eigentümlichkeit der Tempelinschriften!

- Die Kennzeichnung eines wieder lautbaren *t* vor dem Suffixpronomen (§ 3) reflektiert nur, was in der gesprochenen Sprache vom Neuägyptischen an bis hin zum Koptischen als bequem und richtig galt.

75 Gardiner, EG, § 39; 309.
76 Es gibt ja auch die umgekehrte Dissimilation zum gleichen Zweck, s.o., unter d).

Ergänzend möchte ich noch auf ein weiteres Indiz für das Sprechen der Texte hinweisen: Auffallend oft fehlt die Endung des Pseudopartizips bei Verben, die auf *t/ṯ/d/ḏ* auslauten.[77]
Hier sind wohl der *t*-Auslaut des Verbums und das *tj* des Pseudopartizips in der Aussprache zusammengefallen, wie schon im Mittelägyptischen zu belegen.[78]

So muß man also annehmen, daß die Texte, die sich an den Wänden des Tempels von Edfu befinden, vor ihrer Niederschrift gesprochen worden sind - obwohl es sich ja bei ihnen im wesentlichen um ein Mittelägyptisch, also um eine seit mehr als 1000 Jahren tote Sprache handelt.

Nun ist aber das Sprechen einer *toten Sprache* nicht ungewöhnlich. Wir denken dabei sofort an das Lateinische, das als Sprache der Gelehrten bis ins vergangene Jahrhundert hinein noch recht *lebendig* war. Lebendig war das Lateinische aber nur insofern, als es zur wissenschaftlichen Kommunikation diente und mit der Entwicklung des wissenschaftlichen Denkens auch eine sprachliche Eigenentwicklung durchlief; tot blieb es jedoch insofern, als die fruchtbaren Impulse einer vom ganzen Volk gesprochenen Alltagssprache fehlten.

Entsprechend kann man sich vorstellen, daß das zur Tempeldekoration bestimmte Mittelägyptische als "wissenschaftliche Sprache" der Priester gepflegt und mit einiger Anstrengung am Leben erhalten wurde.[79] Diese Pflege des Mittelägyptischen setzt Schulen und Unterricht voraus, und vor allem hier sehe ich den Ort, an dem die aufgezeigten lautlichen Erscheinungen entstanden. Selbst wenn das Mittelägyptische nicht mehr für das Gespräch benutzt worden wäre, wenn also für den Unterricht des Mittelägyptischen das Demotische die Unterrichtssprache gewesen wäre, dann hätte man doch die mittelägyptischen Texte laut lesen und dabei verstehen müssen; auch dabei hätte z.B. die Dissimilation des *m* zu *n* entstehen können. - Ein Teil der Tempelinschriften wurde vielleicht auch während des Vollzugs der Riten vorgelesen.

Von hier aus möchte ich noch einen Schritt weitergehen: Man sollte voraussetzen, daß auch dieses späte Mittelägyptische der Tempel sich in bescheidenem Umfang als eine *lebende tote Sprache* weiterentwickelt hat. Es sollte entsprechend behandelt werden. Das noch Ungereimte sollte nicht vor einer ernsthaften Untersuchung als Defizit der Inschriftenverfasser gewertet werden; denn letztere stellten in ihrem Bereich zu Zeiten die Elite des Landes dar - und wenn ich mich nicht sehr irre, waren sie recht gute Philologen.

77 Siehe z.B. *ᶜḏ* (VII, 77, 16); *pśḏ* (VII, 106, 14; 113, 11 - daneben die Endung ; 130, 11); *pḏ* (VII, 27, 8); *ḫwd* (VII, 78, 16); *ḫtj* (VII, 45, 13; 88, 5) *śpd* (VII, 40, 17); *twt* (VII, 11, 8; 79, 7; 115, 3; 115, 13 - in einigen Fällen wird am gleichen Ort die Endung ausgeschrieben). Dazu noch: *rwḏ* , (VII, 41, 13).
78 Gardiner, EG, Seite 235, Anm. 8.
79 Siehe in diesem Sinne bereits Loprieno, in: GM 54 (1982), 92 f.; Junge, in LÄ V, 1191; 1194; 1210.

DIETER KURTH

ZUM SCHRIFTSYSTEM

§ 1 und als Schreibungen des Suffixpronomens der 1. Person Singular

Bekanntlich wird das Suffixpronomen der 1. P. S. nicht selten geschrieben, und zwar nach Junkers Angaben in Edfu bei der 1. P. S. fem., in Dendera aber (selten) bei der 1. P. S. fem. und mask..[1] Die Frage nach dem Ursprung dieser Schreibung wird mich im folgenden beschäftigen.
Zunächst einige zusätzliche Materialien. erscheint auch in Edfu als Suffixpronomen der 1. P. S. fem. und mas., siehe z.B. ..., *(r)dj.j n.k* ..., *Ich (Hathor) gebe dir* ...;[2] , dito, es spricht Horus Behedeti.[3] Jedoch sind die Belege für das Femininum weitaus zahlreicher als für das Maskulinum: 31:3.
In nahezu allen Fällen handelt es sich um das Suffixpronomen als Subjekt am Verbum, nur in einem Falle bisher um das Suffix als Possessivpronomen: , *ḥr.j, mein Gesicht* (von Hathor); zusätzliche Texte liefern natürlich weitere Beispiele.[4]

Neben fand ich selten auch als Schreibung des Suffixpronomens der 1. P. S., bisher aber nur für das Femininum.[5]
Von den 34 Schreibungen mit begegnen 31 bei *rdj, geben*, und nur je eine bei *bsj, hervorkommen lassen,*[6] *nh, schützen*[7] und *św, vergrößern*; zusätzliche Texte geben weitere Stellen her.[8] Die Schreibungen mit gehören zu den Verben *św, vergrößern,*[9] *tw3, stützen*[10] und *śmn, festigen;*[11] für als Possessivpronomen kenne ich nur eine Stelle.[12]

1 Gramm. der Denderatexte, § 48. Auch Fairman kannte für Edfu nur fem. Beispiele, s. ASAE 43 (1943), 244 (294e); 247 (307e); cf. auch Blackman, in: JEA 31 (1945), 64.
2 VIII, 56, 15.
3 VIII, 48, 16.
4 VIII, 104, 15; dazu: VI, 120, 9: *s3.j, mein Sohn*; III, 259, 10: *g3btj.j, meine Arme*; 259, 14: *ꜥwj.j, meine Arme*; 260, 1: *tp.j, mein Kopf*.
5 VII, 69, 16; 72, 17. Dazu: III, 259, 19; 260, 5. Auch als Possessivpronomen: , bei *nḥbt, Nacken*, III, 260,5.
6 VII, 120, 4.
7 VII, 104, 13.
8 VIII, 121, 7. Dazu: III, 259, 13: *śḳ3, erhöhen*; 259, 19: *ṯsj, erheben*; I, 315, 3: *św, vergrößern*.
9 VII, 69, 16; 72, 17.
10 III, 259, 19.
11 III, 260, 5.
12 S.o., Anm. 5.

Es hat den Anschein, als hätten auch kalligraphische Gründe bei der Wahl von oder eine Rolle gespielt: Das überaus häufige *rdj.j* ergibt mit ein Quadrat als ; hingegen paßt gut zu horizontal ausgestreckten Zeichen, siehe z.B. , *šmn.j n.f..., Ich lasse für ihn fest sein ....*[13] Nicht erst in den ptolemäerzeitlichen Tempelinschriften erscheinen und zur Angabe des Suffixes der 1. P. S., sondern bereits auf dem Sarg des Potasimto aus der 26. Dyn.[14] steht hier nach dem Verbum *wnn, sein,* im *sḏm.n.f* von *rdj, geben.*[15] Vielleicht gibt es bereits aus dem NR einen Beleg für , siehe Nelson, Great Hypostyle Hall at Karnak I, OIP 106, Tf. 24 (*ḫr.j*); cf. Tf. 54 (bei Chons) und 88 (*ḫr.s*).

Bei der Suche nach dem Ursprung dieser Schreibungen könnte man an ein "grammatisches Determinativ" denken, in dem Sinne, daß das *t* als die übliche Femininendung das Geschlecht, der Kontext die Person festlegen würde - die 1. P. S. wird ja auch sonst öfters nicht bezeichnet. Dafür spräche die eindeutige Bevorzugung des Femininums, dagegen stünden jedoch die Belege für das Maskulinum sowie in geringerem Maße[16] auch die Schreibung . Deshalb dürfte die Erklärung m.E. nicht alleine hier gesucht werden, auch wenn man die maskulinen Beispiele und die Fälle mit als Analogiebildungen abtun könnte. Die deutliche Bevorzugung des Femininums ließe sich aber durchaus mit dem Hinweis auf die übliche Femininendung *t* begründen. - Das Vorgehen, bei gleichem Lautwert des Suffixes (*j*) graphisch nach dem grammatikalischen Geschlecht zu differenzieren, ist schon ab NR nachzuweisen.[17]
Als weitere Erklärung böte sich die Ähnlichkeit an, welche und im Hieratischen besitzen.[18] Die Ähnlichkeit ist aber nicht allzu groß, selbst bei wenig sorgfältiger Schrift. Außerdem fiele es in diesem Falle doch schwer, das als Analogiebildung anzusehen. Darum halte ich eine Erklärung aus dem Hieratischen für wenig wahrscheinlich. Fairman[19] lehnte eine lautliche Herleitung ab und schlug - mit großen Zweifeln - vor, den Ursprung in einer falschen Analogiebildung zu den Schreibungen der 2. P. S. fem. zu suchen; Fairman kannte jedoch nicht die Beispiele für die 1. P. S. mask.

13 III, 260, 5.
14 Siehe Rowe, in: ASAE 38 (1938), 183 f. (Tf. XXIV).
15 Cf. die Parallele, o.c., 184; weitere Beispiele für das *sḏm.n.f* mit : Edfou III, 259, 9 (*f3j.n.j*); 259, 14 (*tm.n.j*).
16 Schließlich gibt es ja auch einige wenige Belege für als Femininendung am Nomen (z.B. VIII, 102, 8; 140, 10) und am Partizip Aktiv (z.B. VIII, 141, 14; VII, 91, 13; 120, 13).
17 Gardiner, EG, § 34.
18 Siehe Möller, Hier. Pal. III, Nr. 33; 61 B mit Anm. 2; 575. Zur Übernahme aus dem Hieratischen s. allgemein Fairman, in: BIFAO 43 (1945), 115.
19 ASAE 43 (1943), 290.

So möchte ich einer anderen Lösung den Vorzug geben: Durch den ständigen, in gewisser Weise sogar wissenschaftlichen Umgang mit älterer Literatur war auch den Verfassern der Edfu-Texte nicht verborgen geblieben, daß viele Wörter der alten Texte in ihrer Umgangssprache noch vorhanden waren und daß deren Auslaut-*t* anders gesprochen wurden als die *t* im Anlaut und im Inlaut. Die Auslaut-*t* unterschieden sich dabei kaum vom auslautenden \\ , beide glichen etwa einem unbetonten kurzen Vokal *e* oder *i*.[20] Damit klangen die auslautenden *t* zugleich ähnlich wie das Suffixpronomen der 1. P. S.[21] - und von hier leiteten die Verfasser die Berechtigung ab, das betreffende Pronomen mit zu schreiben. Auch bot sich zur Wiedergabe an, denn die auslautenden hatten dieselbe Schwächung erlitten wie die auslautenden .[22]
Zur Unterstützung folgen Beispiele für die gegenseitige Ersetzung von und \\ im Auslaut:

1. für \\ :
- , *wj*, Abhängiges Pronomen der 1. P. S. (Edfou VI, 319, 5);[23]
- , *ᶜḥj, fliegen* (VIII, 43, 6); cf. (Wb I, 225);
- , *jp, zählen* (VIII, 90, 1);[24] das Wort wird zwar kopt. zu ⲱⲡ ,[25] doch gibt es nicht selten die Schreibung (Edfou VII, 44, 10; s. auch Wb I, 66); im römischen Demotischen findet man auch , s. Erichsen, Demotisches Glossar, 28.
- , *ntj*, mask. (VII, 79, 11); ist daneben gut belegt (z.B. VII, 125, 11). Umgekehrt verwendet man auch für das Femininum (VII, 18, 10; cf. 27, 10). Für den Plural findet man u.a.: , *ntjw, die Seienden* (VIII, 93, 7; 123, 11). Diese gegenseitige Ersetzung von und hebt sich vom Neuägyptischen und Demotischen als selbständig ab, denn dort ist das alte Relativadjektiv invariabel zu geworden.
- , *ḫḫ, Hals* (VII, 140, 11); cf. , Wb III, 331;
- Auslautendes, geschwächtes *r* in *dḳr* wird seit Ende NR durch *3*, aber auch durch oder angezeigt;[26]

20 Cf. Spiegelberg, Demotische Grammatik, § 4 (3; 5; 24); 5.
21 In Edfu gibt man das Suffix der 1. P. S. mask. und fem. gerne auch mit wieder, z.B. VII, 39, 16; 88, 1/2; n.b.: aus Edfou VIII kein einziges Beispiel; solche Indizien für verschiedene Redaktionen findet man öfters.
22 Cf. Fairman, in: ASAE 43 (1943), 297..
23 So auch J. Lieblein, Le livre Egyptien que mon nom fleurisse, Leipzig 1895, Tf. LVII, 12.
24 So auch Edfou VIII, 119, 10.
25 Qual. auch ⲏⲡⲉ , CRUM, CD, 526; meine Beispiele mit stehen meist im Pseudopartizip, dessen Endung hinzukommt.
26 Wb V, 495, 8 ff.

- , , (III, 34, Nr. 15; VI, 320, 2; VIII, 126, Nr. 7). Es handelt sich um den Namen eines Dämons: *ḫtjtj, der Abwender.* Die Bildung erfolgte dadurch, daß man an das Verbum das Wortbildungselement *tj* anhängte.[27] - *tj* kann also auch mit wiedergegeben werden, steht darin für ;
- , *ḥdj, umspannen* (VII, 125, 6).[28]
Hier spielte man auch mit dem Dual fem.: + = *tj* ; vgl. VII, 105, 12: *nḏtj* mit der Endung , sowie Dendara III, 192, 8: , *ntj/ntt* , das Relativadjektiv. Andererseits schreibt man *dm3tj, die beiden Flügel*
- , *ḏrtj, der Falke* (VIII, 87, 14);[29] die übliche Endung ist (Wb V, 597; Edfou VII, 21, 6);
- , *nḏtj, der Schützer* (VII, 64, 11); die übliche Endung ist (Wb II, 375).

Man mag nun die aufgeführten Beispiele als spielerische Dualschreibungen erklären wollen, oder als fehlerhafte Auflösungen der hieratischen Ligaturen , und ; bei einigen Beispielen ist das aber kaum möglich, so bei *wj* oder bei . Außerdem würde auch dann die Auflösung einer Ligatur zu oder nur anzeigen, daß beide im Auslaut ähnlich klangen und als graphische Alternativen galten.

2. für :
- , *3bwt, Gestalt* (VII, 61, 15);[30]
- , *jrt, Auge* (VIII, 44, 9); man vgl. (VII, 61, 10), (79, 13) und , von *jrj, tun* (VII, 49, 14, hier ein Infinitiv);
- , *jswt, Götterwohnungen* (VIII, 97, 12);
- *ᶜwt, Kleinvieh* (VII, 50, 2);
- *m3wt, Licht* (VIII, 91, 10 et passim);[31]
- *ḫnt, in* (VIII, 44, 14; sonst , passim);
- *š3t, Mauer* (VIII, 112, 3);

27 Solche Bildungen, auch Neubildungen, sind in griech.-röm. Tempelinschriften nicht selten, s. Wb I, 244, 10 ff., *w3, Böses planen,* und 245, 2, *w3wtj, der Verschwörer;* ferner Edfou VIII, 86, 18, *swrtj, der Schlürfer,* von *swr, trinken* (zur Schreibung s. Goyon, Gardiens, 75, 9) sowie Edfou VIII, 7, 6, *ḥᶜrtj, der Wüterich* (trotz des Fragezeichens sicher). - Zu *ḫtjtj* s. Goyon, Gardiens, 91 (der Falke ist jedoch zum *tjw*-Vogel zu verbessern); dieselbe Bildung liegt auch bei *jwḥtj* vor, o.c., 58, und bei *ḫbjtj* , o.c., 88 (anders Goyon, der m.E. Bildungsprinzip und Schreibungen nicht recht durchschaute).
28 Wb III, 205, 2 ff.
29 Die Endung trifft man auch beim Plural an, wo sie zusammen mit dem Pluraldeterminativ die Endung *tjw* ergibt, VII, 10, 10 (*ḏrtjw*).
30 S. schon Wb I, 8.
31 S. schon Wb II, 28.

- , *štwt, Licht* (VIII, 96, 1).[32]

Auf diesem Gebiet gibt es noch viel zu tun. Ich konnte in den vorangehenden Zeilen nur ein wenig beisteuern zu dem, was bereits Junker aufgezeigt hat.[33]. Junker hat nämlich die verschiedenen Wortendungen nicht als Willkür der Schreiber abgetan, sondern ernsthaft untersucht, inwieweit sie nach Ausweis des Koptischen die reale Aussprache der Zeit angeben können. Letzteres ist in vielen Fällen nachzuweisen, z.B. bei als Mittel zur Angabe eines hörbaren *t* im Auslaut: ⲤⲚⲀⲦ, *Furcht;* ϤⲚ̄Ⲧ, *Wurm.* Hier würde ich die Endungen anschließen, deren zweites die noch vorhandene Aussprache des ersten anzeigt (s. z.B. oben , *ntj;*[34] , *ḥdj*).[35] Weiterhin hat Junker die Endung u.a. bei denjenigen Wörtern herausgestellt, die alt auf *wt* endeten, deren Endung *t* jedoch ihren konsonantischen Wert verloren hatte, s.o., *m3wt, Licht,* kopt. ⲘⲞⲨⲈ, ⲘⲰⲞⲨⲒ .

Aus all dem geht m.E. klar hervor, daß und im Auslaut ähnlich klangen und gegeneinander austauschbar waren. Und von hier leitete man m.E. die Berechtigung ab, das Suffixprpnomen der 1. P. S. fem. und mask. mit oder zu schreiben. Hinter der Bevorzugung des Femininum stand jedoch zusätzlich das grammatikalische Wissen, daß die Endung *t* für das Femininum charakteristisch ist.[36]

32 S. schon Wb IV, 331.
33 Gramm. der Denderatexte, § 22; 45.
34 Cf. kopt. ⲈⲚⲦ ; ⲈⲦ .
35 So auch schon seit NR für in *ḫntj,* Wb III, 304; cf. ⲬⲀⲚⲦ , *Vorhalle,* Wb III, 307.
36 Auch die älteren Beispiele ließen sich lautlich erklären, s.o., Anm. 26; 35.

§ 2 Die Mater Lectionis

Die seit dem Altägyptischen benutzten Phonetischen Komplemente dienten bei der großen Anzahl der Zwei- und Dreikonsonantenzeichen sicher auch zur Erleichterung der Lesung. Über die Art des Einsatzes eines Großteils der Phonetischen Komplemente entschieden von Anfang an die einzelnen Schreiber und die hinter ihnen anzusetzenden Schulen, und zwar nach ihrem Belieben.[37]
Im Hieratischen stehen die Phonetischen Komplemente weitaus häufiger und regelmäßiger als im Hieroglyphischen. Der Grund ist leicht zu erkennen: Die Mehrdeutigkeiten vieler kursiver Zeichen konnten auf diese Weise beseitigt werden.
Doch auch im Hieroglyphischen gab es Zeichen und bestimmte Schreibungen, bei denen die Phonetischen Komplemente nicht nur eine Leseerleichterung brachten, sondern eine schriftinterne Entscheidungshilfe:[38]
 liest sich *3b;*  liest sich *mr;*  alleine bietet beide Lesungen an;[39] hier kommt Lautzeichen zu Lautzeichen.
Im folgenden Beispiel verbinden sich Laut- und Bildzeichen: , *rmṯ, Mensch;*[40] cf. , *s, Mann.* Man kann sich fragen: Ist  bei *rmṯ* Determinativ zu *r(mṯ),* oder ist eine phonetische Lesehilfe zum vieldeutigen ? Die beste Antwort ist wohl: Man findet die Lesung in der intellektuellen Schnittmenge von Laut- und Bildzeichen; das läßt sich auch auf das erste Beispiel übertragen, hier ist die Schnittmenge von Lautzeichen und Lautzeichen zu suchen.
Wenn auch die Orthographie nicht an feste Regeln gebunden war, so hatten sich doch nach und nach gewisse Schreibgewohnheiten ausgebildet. Von den älteren Schreibgewohnheiten hob sich das Schriftsystem der griechisch-römischen Tempelinschriften u.a. durch einen größeren Reichtum an rein ideographischen Schreibungen ab; diese gewannen die mit alten Texten vertrauten Verfasser vor allem dadurch, daß sie seit altersher benutzte Determinative als Ideogramme einsetzten.[41] Die Mehrdeutigkeit der Ideogramme nahm man in Kauf, solange der Kontext Lesung und Verständnis garantierte. Dazu nur drei Beispiele:

37 S. Edel, Altäg. Gramm., § 58 ff.
38 Zusätzlich zur Entscheidungshilfe des Kontextes.
39 S. Gardiner, Sign-list, U 23.
40 Edel, o.c., § 52; dieselbe Schreibung: Edfou VII, 27, 3!
41 S. Fairman, in: BIFAO 43 (1945), 56.

liest sich
- *Jḥj, Ihi,* der Sohn der Hathor;[42]
- *jḥi, musizieren*;[43]
- *nṯr ꜥ3, der große Gott.*[44]

liest sich
- *f3j, hochheben;*
- *3tp, beladen;*
- *k3wt, tragen;*
- *tw3, stützen.*[45]

liest sich
- *ḏ3j, durchfahren;*[46]
- *ḫdj, stromab fahren;*[47]
- *wj3, Barke;*[48] hinzu kommen noch andere Wörter des Wortfeldes *Schiff.*

Wenn nun aber weder eine feststehende Formel noch der allgemeine Kontext für ausreichend erachtet wurden, das Textverständnis oder eine bestimmte Lesung zu sichern, dann fügte man dem Ideogramm ein Einkonsonantenzeichen als Lesehilfe hinzu, z.B. ein dem : ;[49] die intellektuelle Schnittmenge ergibt *wj3, Barke.* Auch rein phonetische Schreibungen werden häufiger, bei gleichzeitiger Zunahme der Lautwerte für die einzelnen Zeichen. So hat × u.a. die Lesungen *šw3, mꜥb3, ḥšb, wr*; die Lesung *sš* (hier: "ausspreizen") liegt jedoch eindeutig fest bei (Edfou VIII, 38, 5).
Für die lautliche Lesehilfe in beiden Verwendungen, ob sie also bei einem Laut- oder Bildzeichen steht, wähle ich den Terminus "Mater Lectionis".[50]

42 Edfou VII, 103, 15.
43 Dendara VI, 74, 6.
44 Edfou VII, 103, 15: *nṯr ꜥ3 ḥrj-jb Bḥdt* ; 96, 6.
45 Fairman, o.c., 99.
46 Edfou VIII, 93, 6; 130, 9: .
47 IV, 144, 1: .
48 VIII, 21, 14; cf. III, 30, 7: .
49 III, 6, 10. - Die Schreibung mit einem anderen Schiffstyp ist aber häufiger: , s.u.
50 Fairman, in: BIFAO 43 (1945), 103, sprach auch hier von "phonetic complements". Derchain-Urtel, Thot, 1, Anm. 2 (S. 147a), benutzte aber bereits den Terminus "Mater Lectionis".

Ein 'neuer' Terminus ist nämlich aus zwei Gründen angebracht: Zum einen entstehen durch den schöpferischen Einsatz dieser Lesehilfen völlig ungewohnte Schreibungen (s.u.). Zum anderen hat die Lesehilfe der ptolemäerzeitlichen Tempelinschriften eine selbständige Entstehung; sie entstand ja zugleich mit der Zunahme der Ideogramme und Lautwerte, als schriftinterne Gegenmaßnahme, mit dem Ziel, die neu auftretenden Mehrdeutigkeiten in Grenzen zu halten.

Es folgen einige Beispiele:[51]

3mm ergreifen (VIII, 36, 14);

j3w, Lobpreis (VIII, 93, 12);

j3w, der Greis (VIII, 92, 5; 92, 8; 135, 15);

(sic) *j^{c}ḥ, der Mond(gott* (VIII, 24, 11);

jsw(t), die alten ...[52] (VIII, 113, 15);

(sic) *^{c}ẖm, der Falke* (VIII, 81, 10);

wj3, die Barke (VIII, 21, 9 und 10; 23, 9; 31, 2; 46, 4; 101, 16; VII, 16, 3);

wdn, schwer beladen sein (VIII, 62, 1);

wdn, der Schwere (das Nilpferd) (VIII, 26, 14);[53]

bj3, die Harpune (VIII, 26, 15);

bjk, der Falke (VIII, 5, 3);

mnmnt, die Herden (VIII, 154, 8; 157, 1);

nḥm, retten (VIII, 7, 1);

nḫt, Stärke (VIII, 43, 3);

(sic) *nt, die rote Krone* (VIII, 80, 16);

51 Chassinats "(sic)" habe ich jeweils übernommen; es zeigt nämlich, welche der Schreibungen selbst diesem großen Kenner der ptolemäischen Tempelinschriften ungewöhnlich vorkamen.

52 Im vorangehenden ist zu zu verbessern (Photo).

53 S. demnächst Almuth Behrmann, Das Nilpferd in der Vorstellungswelt der Alten Ägypter, Dok. 418.

nḏśw, die Kleinen (VIII, 164, 9);
nḏśt, die kleine ... (VIII, 123, 14);
rw, der Löwe (VIII, 76, 7; 80, 3);
rwḏ, stark (VIII, 144, 8);
rmṯw, die Menschen (VII, 27, 3);
hnw, Jubel (VIII, 64, 2);
ḥpt, umfangen (VII, 26, 4);
ḥnwt, die Gebieterin (VII, 81, 7);[54]
ḫ3b, sich beugen (VIII, 98, 3);
ḫnj, sich niederlassen (VIII, 111, 4);
sš, ausspreizen (VIII, 38, 5);
śpd, trefflich (VIII, 82, 10);
śḫntj, stromauffahren lassen (VIII, 59, 8);
śṯj, der Duft (VIII, 102, 11);
šnbtj, Falke (VII, 20, 10);
twr, reinigen (VIII, 92, 9);
ḏ3ḏ3, der Kopf (VIII, 36, 12/13);

Besonders aufschlußreich sind folgende Schreibungen:

j3wtj, der Harpunierer (VII, 40, 16);
jmntjw, die Westlichen (VII, 81, 9/10);
ḵm3tjw die Leute aus Qemat (VII, 60, 8);[55]
d3tjw, die Unterweltlichen (VIII, 92, 5).

54 Cf. VIII, 46, 3.
55 Cf. VIII, 53, 3; 53, 7; 112, 3; 117, 12.

Hier wurde oder einem Phonogramm als Mater Lectionis mitgegeben, nämlich dem auslautenden *tj* , und zwar dann, wenn man dieses mit dem *tjw*- Vogel schreiben wollte. Man sieht sofort, warum das geschah: *tjw*- Vogel und Strauß[56] wurden öfters verwechselt, derartig, daß man schließlich beide zur Wiedergabe von *tj* benutzen konnte (beide erhielten auch hin und wieder die Brustfeder). Das zur Klarheit hinzugefügte oder kann vor, über oder hinter dem Vogel stehen:

 *3ḫtj* (VIII, 10, 16); cf.  (99, 1);

 *j3wtj* (VII, 24, 14);

 *bjtj* (VIII, 25, 13);

 *nśtjw* (VIII, 25, 13).

Zuweilen schreibt man den *tjw*- Vogel auch ohne Mater Lectionis.[57]

Da nun die Schreiber nicht selten die Hieroglyphen auch anderer Vögel füreinander eintreten ließen,[58] finden wir die Mater Lectionis u.a. in folgendem Falle: 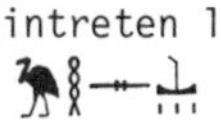 *nḥśjw, die Südländer*.[59] Hier ersetzt der Strauß  , den *nḥ*- Vogel;[60] ohne die Hinzunahme des als Lesehilfe wären Lesung und Sinnentnahme schwieriger gewesen.

Zumeist gibt die Mater Lectionis den ersten Konsonanten[61] des Wortes wieder, das den Zeichen entnommen werden soll; viel seltener entspricht sie dem letzten Konsonanten dieses Wortes. Etwas allgemeiner ausgedrückt: Die Mater Lectionis steuert zur intellektuellen Schnittmenge von Laut und Laut/Laut undBild eine/die lautliche Komponente bei, in der Regel nur einen Konsonanten.

Die Verwendung der Mater Lectionis ist in den Inschriften des Tempels von Edfu keineswegs ungewöhnlich. Mit ihrer Kenntnis lassen sich auch Schreibungen wie die folgenden leichter erfassen:

 *jḥjt, die Musikantin*;[62]

 *nmś, das Nemes-Kopftuch*.[63]

56 Gardiner, EG, Sign-list, G 4 und G 34.
57 VIII, 86, 18; 126, 4 und 8.
58 S. z.B. Fairman, in: ASAE 43 (1943), 269 (XLII).
59 Edfou VIII, 77, 14.
60 Gardiner, EG, Sign-list, G 21.
61 Sehr selten auch die ersten beiden Konsonanten.
62 A. Behrmann, H. Felber, D. Kurth, Der Schrein des Inaros, Mitteilungen aus dem Museum für Völkerkunde Hamburg, Neue Folge, Band 17, Hamburg 1987, 195 (letzte Zeile).
63 Edfou III, 286, 17.

DIETER KURTH

Motto: Der Teufel steckt im Detail.

DAS 53. REGIERUNGSJAHR PTOLEMÄUS XII.

In ihrem guten und für die Forschung verdienstvollen Artikel über die Baugeschichte des Tempels von Edfu[1] behandeln S. Cauville und D. Devauchelle auch einen Text des Pylons, der eine für die Historiker erstaunliche Angabe enthält: das 53. Regierungsjahr Ptolemäus XII. Da aber nun dieser Herrscher nur 30 Jahre regiert hat und sein angebliches 53. Regierungsjahr in das 2. Jahr des Kaisers Augustus fiele, haben sich die Verfasser des genannten Artikels gefragt, ob hier nicht ein fiktives Datum[2] vorliegen könne.

Unter Verweis auf diese noch sehr vorsichtige Beurteilung des Falles geht J. Rea noch einen Schritt weiter,[3] indem er den Wert der Edfu-Inschriften für historische Fragen generell in Zweifel zieht. Für solche Zweifel gibt die betreffende Inschrift[4] aber nichts her, wie ich im folgenden zeigen möchte (1.). Was die allgemeine Glaubwürdigkeit der Edfu-Texte anbelangt, zu ihren Gunsten kann man etliche Argumente beibringen (2.).

1. Cauville und Devauchelle[5] halten Chassinats Textwiedergabe für gesichert; zum Beweis führen sie eine Photographie der Publikation an.[6] Diese ist jedoch völlig unzureichend, da sie aus allzu großer Entfernung aufgenommen wurde. So handelt es sich letztlich doch um ein epigraphisches Problem. Eine Abschrift vor Ort war mir nicht möglich, denn die Inschrift ist so stark beschädigt, daß man sie nur aus allernächster Nähe überprüfen kann - und eine Leiter stand mir in Edfu nie zur Verfügung. Aber eine Aufnahme mit Teleobjektiv[7] brachte des Rätsels Lösung:[8] Eine Kartusche Ptolemäus VIII. ist "überarbeitet" und mit dem Namen Ptolemäus XII. versehen worden.

1 RdE 35 (1984), 31-55.
2 "une date fictive?"
3 P. Oxy. LV, 5.
4 Edfou VIII, 110, 15-111, 1.
5 O.c., 54.
6 Edfou XIV, Pl. 674.
7 Ich verdanke das Diapositiv Herrn Dr. B. Michelly, Berlin.
8 Siehe die Durchzeichnung in Abb.1. Statt eines Photos habe ich die Durchzeichnung gewählt, weil letztere deutlicher ist als ein reproduziertes Diapositiv; außerdem ließ sich das Vergleichsmaterial (Abb.2 und 3) so leichter im gleichen Maßstab wiedergeben.

Abb. 1

Abb. 2

Abb. 3

Schon Chassinat weist in seiner Publikation darauf hin,[9] daß an dieser Kartusche eine Verbesserung vorgenommen wurde: *Le groupe* , *qui avait été oublié, a été ajouté au-dessus du* *en très petits caractères.* Dann aber hat er sich dafür entschieden, die im Stein gegebene Anordnung der Hieroglyphen - wie üblich - aufzulösen und den Erfordernissen der Publikation anzupassen:

Das wäre dank der Anmerkung[9] ohne Folgen geblieben, wenn die Anpassung analog zum Original erfolgt wäre; das aber ist nicht der Fall, Chassinat hat seiner Textwiedergabe die am Ort gewöhnliche Schreibung der Kartusche Ptolemäus XII. zugrundegelegt,[10] hat also idealisiert und dadurch die Usurpation der Kartusche vor den Augen der Wissenschaft verborgen.

Vergleicht man Abb. 1[11] mit der Wiedergabe in der Publikation (s.o.), dann springt als erstes ins Auge, daß letztere dem Original zumindest an einer Stelle nicht entspricht: wurde viel zu weit nach hinten gerückt, eben dorthin, wo das Zeichen in der Kartusche Ptolemäus XII. stehen müßte, wo es aber im Original nicht steht. Auch die Position des wurde nicht gemäß der in diesen Kartuschen üblichen Lesefolge der Publikation angepaßt, denn dann hätte es dort weiter vorne stehen müssen, vor *ntj nḥm*.

Weiterhin geht aus Abb. 1 mit hoher Wahrscheinlichkeit hervor, daß die Kartusche ursprünglich den Namen Ptolemäus VIII. enthielt. Ein Hauptargument dafür ist der Anfang der Namen: Am gleichen Ort beginnen die Namen Ptolemäus XII. direkt mit dem ,[12] diejenigen Ptolemäus VIII. jedoch mit einer Zeichengruppe vor , mit den Zeichen für *nṯrwj prwj*.[13] Und es sieht so aus, als hätte man bei der Aneignung der Kartusche einzelne Gruppen nicht gänzlich ausgemeißelt, sondern nur überarbeitet oder sogar vollends unangetastet gelassen, und zwar dort, wo es sich bei übereinstimmenden Namensbestandteilen anbot:

9 Edfou VIII, 111, Anm. 1.
10 Siehe Edfou VIII, 111, 17-112, 1.
11 Also das, was heute noch im Stein zu sehen ist.
12 Siehe Abb. 2: Edfou VIII, 14, 11/12 = Photo 80 und 81 des Edfu-Projekts. - Cf. auch die übrigen Kartuschen des Pylons, Edfou VIII, passim.
13 Siehe Abb. 3: eine Kartusche Ptolemäus VIII., aus dem Pronaos (Edfou III, 274, 1), gezeichnet nach einem privaten Diapositiv. - Cf. auch die anderen Kartuschen dieses Königs im Pronaos, Edfou III, passim.

- Von *nṯrwj prwj* konnte man das rechte Zeichen übernehmen, die restlichen wurden zu umgearbeitet.

- Über steht in beiden Namen ; dieses konnte man leicht zu umformen. Nur so läßt sich m.E. die Position des erklären, allerdings bei einer ursprünglichen Zeichenanordnung, wie sie Abb. 2 erkennen läßt, also mit Gotteshieroglyphen, welche die ganze Breite der Kartusche ausfüllen, gefolgt von den ebenso großen Zeichen ; hätte über noch genügend Platz gehabt, vgl. Abb. 3.

- Die Namen Ptolemäus VIII. und Ptolemäus XII. stimmen in der zweiten Hälfte überein.[14] Allerdings kann ich nicht verschweigen, daß die Position der Wörter *Ptḥ* und *jrj* innerhalb der umgearbeiteten Kartusche, also im Namen Ptolemäus XII., unklar bleibt; die übliche Abfolge ist auf die genannte Weise nicht zu erreichen. Vielleicht hat man eine Trennung zusammengehöriger Wörter in Kauf genommen, dergestalt, daß *Ptḥ* und *jrj* erst auf $m3^{c}t$ folgten (?).

Mag man auch an dem soeben skizzierten Vorgang der Umarbeitung zweifeln, nicht zu bezweifeln ist, daß die *Kartusche Ptolemäus XII.* , so wie sie heute vorliegt, zum einen deutliche Spuren einer Überarbeitung zeigt und zum anderen mit einer für den betreffenden Ort (Pylon) unüblichen Anordnung der Hieroglyphen beginnt - mit einer Anordnung, die jedoch für die Kartusche Ptolemäus VIII. die Regel ist.

Um letzte Zweifel auszuräumen, möchte ich noch eine Passage aus der großen Bauinschrift des Tempels zitieren: *Man schnitt den großen Namen seiner Majeṣtät (die fünfteilige Titulatur Ptolemäus VIII.) in seine (des Pronaos) Mauern vom Regierungsjahr 48 bis zum Ende seiner (Regierungs)zeit.*[15] *Im Regierungsjahr 54 dieses Königs, zweiter (Monat) der Schemu-Jahreszeit, Tag 11 - nachdem der Fundamentgraben der (Umfassungs)mauer, des großen Hofes und des Pylons ausgehoben und der Strick bei ihnen allen gelöst worden war,*[16] *- da öffnete der Falke (der König) seine Flügel (und flog) zum Himmel.*[17]

14 Cf. Edfou VIII, 169, 9 und III, 273, 1 et passim. - Das gilt auch für einige Kartuschen Ptolemäus IX., doch muß der Name dieses Königs ausscheiden, da andere Hinweise fehlen.
15 So auch richtig aufgefaßt von Cauville und Devauchelle, o.c., 40.
16 Der Ausdruck bezeichnet m.E. den Abschluß der baulichen Konstruktion, also den Zeitpunkt unmittelbar vor dem Beginn der Dekoration; cf. Edfou VII, 5, 5/6 mit der Abfolge *Fundamente graben, Strick lösen, Namen eingravieren.* Außerdem bedeutet $wḥ^{c}$ wörtlich *lösen*, im Gegensatz zu *pḏ*, *spannen* (s. Wb I, 567, 12). - Andere Auffassung des Ausdrucks bei Cauville und Devauchelle, o.c., 41.
17 Das heißt: er starb (s.u.). - Edfou VII, 9, 2-4.

Diese Inschrift gibt zweifelsfrei an, daß die Konstruktion des Pylons noch unter Ptolemäus VIII. begonnen wurde; in dem Punkte herrscht in der Forschung Einmütigkeit.[18] Wenn nun Ptolemäus VIII. in seinem 54. Regierungsjahre starb, dann kann sich das fragliche 53. Regierungsjahr nur auf ihn beziehen. Hier treffen sich die Ergebnisse der epigraphischen Untersuchung und die Aussagen der Inschriften. Beide gemeinsam stellen klar, daß es hier kein fiktives Datum gibt, daß es sich vielmehr um das 53. Regierungsjahr Ptolemäus VIII. handelt, dessen Kartusche von Ptolemäus XII. usurpiert wurde, vielleicht um durch die Beseitigung der einzigen Ausnahme die gesamte Dekoration des imponierenden Bauwerks einheitlich sich selbst zuschreiben zu lassen.

Die Usurpation geschah aber nur halbherzig, denn man ließ den vorangehenden Text mit dem verräterischen Regierungsjahr unberührt. Wollte man, wie eine behutsame Umarbeitung der Kartusche (s.o.) nahelegen würde, nicht allzu viel im Stein verbessern? Schließlich ist ja die Südseite des Pylons die wichtigste Schauseite des Tempels, die ein makelloses äußeres Erscheinungsbild haben sollte. Vielleicht verließ man sich auch darauf, daß ein nur inhaltliches Indiz den Diebstahl des Namens[19] nicht so leicht verraten würde. Wie dem auch sei, für eine "halbherzige" Aneignung von Königsnamen gibt es Parallelen, so z.B. in der großen Säulenhalle des Tempels von Karnak, wo Ramses II. in einer Ritualszene die großen Kartuschen Sethos I. usurpieren ließ;[20] die Ausführenden verschonten jedoch innerhalb der gleichen Szene sowohl die wesentlich kleineren Kartuschen Sethos I. auf einem Opfertisch als auch dessen Horusnamen,[21] der mitten in einem fortlaufenden Text liegt und deshalb vielleicht übersehen wurde, vielleicht aber auch beibehalten wurde, um die Wand nicht mehr als unbedingt notwendig zu beschädigen.

Die Zuweisung der betreffenden Bauinschrift an Ptolemäus VIII. könnte noch eine weitere problematische Textstelle klären, welche aus der Zeit Ptolemäus X. oder aus der zweiten Regierungszeit Ptolemäus IX. (!) stammt und einen bereits fertiggestellten Pylon beschreibt, der schon einen Teil seiner Dekoration besitzt.[22] Dazu paßt bestens, daß der Text, der auf die soeben besprochene Kartusche (ursprünglich Ptolemäus VIII.) folgt, unter anderem über den Einzug des Gottes in seinen Tempel berichtet. Man muß also annehmen, daß der Pylon schon unter Ptolemäus VIII. baulich fertiggestellt war, ebenso wie die Umfassungsmauer und damit auch der Hof.

18 Cauville und Devauchelle, o.c., 41.

19 Es ist allerdings die Frage, ob man den Vorgang in der Antike derartig bewertet hätte.

20 Nelson, The Great Hypostyle Hall at Karnak I, OIP 106, Chicago 1981, Pl. 32 (5; 14; 15); cf. Pl. 6 (5; 6); 33 (3; 17; 18); 36 (27).

21 O.c., Pl. 32 (7); cf. Pl. 137 (11) und 152 (4).

22 Cauville und Devauchelle, o.c., 43 f. - Vor dem Pylon standen schon die beiden Obelisken!

Die Nachfolger Ptolemäus VIII. hätten dann die noch unfertige Dekoration des Tempels vollendet, und zwar in recht planvollem Vorgehen, dort beginnend, wo die Dekoration beim Tode Ptolemäus VIII. stehengeblieben war:[23] Ptolemäus IX. die Außenwände des Pronaos, die Innenwände des Hofes und einen Teil der Außenwand der Umfassungsmauer; Ptolemäus X. größere Flächen der Umfassungsmauer; Ptolemäus XII. den Pylon.[24] - Worauf aber könnte sich die Angabe (s.o.) beziehen, daß bereits zur Zeit Ptolemäus IX. oder X. ein Teil der Dekoration fertiggestellt war: *Ihre (der Pylontürme) Fassade ist dekoriert gemäß den Schriften und allen Vorschriften zum Abwehren der Fremdlandbewohner*[25]? Nun, nehmen wir den Text genau, dann ist nur von der Dekoration der Fassade die Rede, und dabei im besonderen von den großen Szenen des Erschlagens der Feinde.

So liegt doch der Schluß nahe, daß beim Tode Ptolemäus VIII. der Pylon nicht nur errichtet worden war, sondern auch schon ein größeres Dekorationselement besaß, die Szene des Erschlagens der Feinde. Dieser Vorgriff auf die spätere Gesamtdekoration läßt sich verstehen, wenn man bedenkt, daß der Tempel ja schon seit langem in Betrieb war und daß er nach der Errichtung seines letzten Baugliedes nicht gerade am Haupteingang riesige Steinflächen ohne jegliche Dekoration darbieten sollte; hinzu kommt vielleicht die apotropäische Aufgabe gerade dieser Szene. - Mindestens ein weiteres Dekorationselement war schon zur Zeit Ptolemäus VIII. am Pylon vorhanden, die hier besprochene Kartusche mit der anschließenden Bauinschrift.

2. Abschließend noch ein Wort zur generellen Glaubwürdigkeit der Edfu-Texte in bezug auf historische Fragestellungen. Dazu ist heute noch keine umfassend gültige Aussage möglich, man wird noch viele Einzelfälle überprüfen müssen. Jedoch mag es nach den vorgebrachten Zweifeln nicht unnütz sein, an einiges zu erinnern, was doch sehr für die Glaubwürdigkeit der Inschriften spricht.

- Für ein allgemeines Streben der Verfasser nach Genauigkeit sprechen schon die Bauinschriften des Tempels.[26] Alle Maßangaben der Texte sind nämlich durch Nachmessen überprüft worden, und dabei hat sich eine weitgehende Übereinstimmung herausgestellt.[27] Natürlich gibt es auch Abweichungen und Ungereimtheiten. Diese verblassen jedoch neben der generellen Präzision der Angaben, welche sich ja nicht nur auf die Maße des Tempels erstrecken sondern auch auf Elemente der Wanddekoration, die man in der beschriebenen Weise noch heute an der Wand sehen kann.

23 Dieser König hatte noch das Innere des Pronaos ausschmücken lassen. - Das Folgende nur in großen Zügen.
24 Vielleicht wurde die Dekoration des Pylons erst von den Nachfolgern Ptolemäus XII. vollendet, s. Edfou VIII, Seite VI ff.
25 Edfou VII, 19, 3/4.
26 Edfou IV, 1-16; VII, 1-20.
27 Cauville und Devauchelle, Les mesures réelles tu temple d'Edfou, in: BIFAO 84 (1984), 23-34.

- Die Verläßlichkeit der historischen Angaben läßt sich auch daran ablesen, daß sogar solche Ereignisse niedergeschrieben wurden, die - aus unserer Sicht - für die Dynastie der Ptolemäer unangenehm waren. Dabei denke ich vor allem an:

  a) jenen Aufstand in Oberägypten, der diesem Landesteil für beinahe 20 Jahre (206-187/86 v. Chr.) die Unabhängigkeit von der Herrschaft der Ptolemäer brachte. Zwei Texte des Tempels von Edfu berichten über diese Zeit, in der die Bauarbeiten am Tempel zum Erliegen kamen; andere Quellen, nicht aus Edfu, bestätigen die Ereignisse.[28]

  b) Die dynastischen Streitigkeiten unter Ptolemäus IX. und X. Ein Text aus Edfu berichtet:[29] *..., öffnete der Falke (König Ptolemäus VIII.) seine Flügel (und flog) zum Himmel.*[30] *Sein ältester Sohn erschien auf seinem Thron, und dessen Name wurde (in die Tempelwand) eingraviert... als König von Ober- und Unterägypten Ptolemäus IX.* [...].[31] *Sein (eines neuen Königs) Name wurde eingraviert... als König von Ober- und Unterägypten Ptolemäus X. ..., bis er nach Punt enteilte.*[32] *Nachdem sein älterer Bruder (Ptolemäus IX.) Ägypten in Besitz genommen hatte, wurde (dies)er zum zweiten Male König.* Der Text berichtet neutral, ohne irgendeine Wertung, über die Abfolge der Herrscher. Er ist also eine brauchbare Geschichtsquelle, auch wenn - wie im Tempel nicht anders zu erwarten - einzelne Formulierungen religiös gefärbt und dem Königsdogma verpflichtet sind. Hier verweise ich vor allem auf die drei Euphemismen für "königliches Sterben": *öffnete der Falke seine Flügel (und flog) zum Himmel;*[33] *bis er nach Punt enteilte;*[34] *Oh ihr Könige..., die ihr diese Denkmäler geschaffen habt, ihr Falken, die ihr eure Flügel geöffnet habt.*[35] Die Vorstellung, daß der verstorbene König Ägyptens zum Himmel aufsteigt und sich mit seinem Vater, dem Sonnengott, vereint, ist schon seit weit früherer Zeit belegt; Punt ist in den Tempeltexten der griechisch-römischen Epoche häufig nur noch eine Bezeichnung des Ortes, an dem der Sonnengott täglich aufgeht.[36]

28 Cauville und Devauchelle, in: RdE 35 (1984), 35, Anm. 8.
29 Edfou VII, 9, 4-8; Cauville und Devauchelle, o.c., 40 f.; 47-53.
30 Er starb. S. dazu o.c., 41 mit Anm. 16.
31 Zerstörung des Textes, sicher aber ist die Rede von einem Thronwechsel.
32 Das heißt: er starb.
33 Edfou VII, 9, 4.
34 O.c., 9, 8. Vielleicht bezeichnet dieser Ausdruck genauer den Tod im Ausland; Ptolemäus X. fand den Tod in einem Seegefecht bei Zypern (88 v. Chr.). - Cf. hingegen Cauville und Devauchelle, o.c., 53 mit Anm. 56.
35 Edfou VII, 9, 9.
36 Siehe Kurth, in: SAK 14 (1987), 174, Anm. 25.

- Etliche der leeren Kartuschen kann man auch dahingehend interpretieren, daß es die Priester in einer Zeit dynastischer Streitigkeiten vorzogen, zunächst einmal keinen Königsnamen eingravieren zu lassen und klarere Verhältnisse oder Anweisungen aus der Hauptstadt abzuwarten.[37] Diese Haltung wurde nicht unbedingt von historischem Interesse getragen, gleichwohl kann sie historische Ereignisse widerspiegeln.

Um nun zum Ausgangspunkt zurückzukehren: Die allgemeine Verwertbarkeit der Inschriften des Tempels von Edfu für historische Fragestellungen kann auch nicht mit dem Hinweis auf die usurpierte Kartusche bezweifelt werden; denn die Behandlung solcher Fälle gehört zu den üblichen Aufgaben der Quellenkritik.

37 Vgl. dazu im weiteren Sinne ESNA, Bd. III, S. XXIII mit Anm. 1.